AF612470

La Serenidad de la meditación

Su Santidad el Dalai LAMA

Published by EDICIONES AMARA, 2023.

LA SERENIDAD DE LA MEDITACIÓN

First edition. February 27, 2023.

ISBN: 979-8223752394

Written by Su Santidad el Dalai LAMA.

Título original: *The Essence of Tsongkhapa's teachings. The Dalai Lama on the three principal aspects of the path.*

Publicado por vez primera en 2020 por Ediciones Amara. Ciutadella de Menorca. Illes Balears.

ISBN de la obra: 9798223752394
Depósito Legal: ME 372-2020

LA SERENIDAD DE LA MEDITACIÓN

La esencia de la enseñanza de Lama Tsongkhapa Los tres aspectos principales del sendero

Su Santidad el Dalai Lama

07760 Ciutadella Menorca. Spain
www.edicionesamara.com[1]

1. *http://www.ediciones-amara.net/*

Alabanzas a

La Serenidad de la meditación Esencia de la enseñanza de Lama Tsongkhapa

"Cuando estudié por primera vez el texto raíz de Lama Tsongkhapa, *Los tres aspectos principales del sendero,* hace varias décadas, me di cuenta de que había encontrado la esencia de todas las enseñanzas mahayana del Buda y los fundamentos del vajrayana. Sabía que podía confiar en estos tres principios durante todas mis vidas hasta la Iluminación, y mi fe en ellos se ha vuelto más profunda a lo largo de todos estos años. En este precioso volumen, su Santidad el Dalai Lama muestra su vasta erudición y profundos conocimientos para explicar este texto al mundo moderno, por lo cual ofrezco mi humilde gratitud y feliz agradecimiento."

— B. Alan Wallace, Presidente del Instituto Santa Bárbara para Estudios de la consciencia

"Enseño a mis alumnos acerca de la práctica del bodhisatva en términos de *Los tres aspectos principales del sendero*: la determinación de ser libre, bodhichita y la visión correcta. Estoy encantado de que ahora tengamos la suerte de tener los profundos versos sobre este tema de Tsongkhapa junto con el lúcido comentario del Dalai Lama. Este es un libro corto, fácil de leer y una gran introducción a la práctica del mahayana. Incluye el texto original de Tsongkhapa en tibetano, por lo que también podría ser utilizado muy eficazmente como un texto para la enseñanza de la traducción del tibetano clásico."

— Guy Newland, presidente, Departamento de Filosofía y Religión, Universidad Central de Michigan

"Un comentario exhaustivo y sabio sobre *Los tres aspectos principales del sendero* –una obra esencial de Lama Tsongkapa–. Imprescindible para cualquier practicante serio del sendero hacia la Iluminación completa. Aplaudo tanto a los traductores como a Wisdom Publications por haber sido capaces de hacer que este libro esté disponible. Realmente es un tesoro."

— Joshua Cutler, director ejecutivo del Centro de Aprendizaje Budista Tibetano; redactor principal del *Gran Tratado sobre las etapas del sendero a la Iluminación (Lam rim Chen*

Prefacio

Me alegro de que Wisdom Publications publique el comentario de Su Santidad el Dalai Lama sobre *Los tres aspectos principales del sendero*, de Lama Tsongkhapa, que tuve la fortuna de interpretar simultáneamente durante la propia enseñanza y cuya traducción realicé para la LTWA con la ayuda de mi amigo Jeremy Russell. Lama Tsongkhapa enseñó este breve texto a Tsakho Onpo Ngawang Dakpa en un lugar llamado Gyamo Rong, en el este del Tíbet.

Los tres aspectos principales del sendero son el eje o la línea que hay que seguir en todas las prácticas sútricas y tántricas que emprendes. En otras palabras, es importante que tu práctica se vea influenciada por los tres aspectos: la renuncia o determinación de ser libre, la bodhichita o la mente de la Iluminación y la visión correcta. De este modo, cuando tu práctica está influenciada por la renuncia se convierte en causa para lograr la Liberación (Nirvana); cuando se ve influenciada por la bohichita, se convierte en causa para lograr la Omnisciencia (Budeidad), y cuando se ve influenciada por la visión correcta, se convierte en un antídoto para el ciclo de la existencia (samsara). En ausencia de estos aspectos principales del sendero, aunque uno esté bien versado en los cinco temas del aprendizaje, aunque uno sea capaz de permanecer en estado meditativo durante muchos eones y aunque uno posea las cinco clarividencias o haya conseguido los ocho grandes logros, no podrá ir más allá de este ciclo de existencia.

Los tres aspectos principales del sendero son la esencia de todas las escrituras de Buda. El significado de las enseñanzas de Buda y los comentarios sobre ellas están incluidos en las etapas del sendero de tres tipos de individuos: el de capacidad inicial, que busca un renacimiento elevado; el de capacidad media, que busca la Liberación o el Nirvana, y la persona de mayor capacidad, que busca la motivación del bodhisatva de convertirse en un Buda para beneficiar a otros seres. Esto es así porque el propósito de todas las escrituras de las enseñanzas del Buda y sus comentarios es ayudar a lograr la Budeidad. Para alcanzar ese estado de Omnisciencia, uno debería implicarse en la doble práctica de los medios hábiles y la sabiduria, dentro de los cuales la práctica principal es la bodhichita y la visión correcta –la sabiduría que comprende experiencialmente la vacuidad–. Con el fin de cultivar estas dos prácticas, uno debería cultivar en primer lugar un profundo sentimiento de rechazo hacia las maravillas superficiales del ciclo de la existencia y desarrollar una renuncia genuina, el deseo de salir del samsara. Sin eso es imposible desarrollar la gran compasión que aspira a liberar a otros seres conscientes del ciclo de la existencia. Por lo tanto, la renuncia es imprescindible.

La bodhichita es la práctica principal de acumulación de mérito para lograr el cuerpo del Buda (rupakaya), y la visión correcta es la práctica principal para lograr el cuerpo de la verdad (dharmakaya). Además, al principio, para instigar a la mente a que abrace el Dharma, uno necesita renuncia; para asegurar que la práctica del Dharma se convierta en un sendero de la práctica mahayana uno necesita bodhichita, y para eliminar por completo los dos oscurecimientos la visión correcta es imprescindible. Por lo tanto, estas tres prácticas se conocen como *los tres aspectos principales del sendero*. Esta forma de practicar todos los puntos esenciales del sendero incluyéndolos en estos tres aspectos principales es una instrucción muy especial que Manyushri dio directamente a Lama Tsongkhapa.

Ven. Lhakdor, director, LTWA

Parte 1

Los tres aspectos principales del sendero, por Lama Tsongkhapa

Rindo homenaje a los santos y elevados lamas

Voy a explicar, tan bien como pueda,
la esencia de todas las enseñanzas del Conquistador, el sendero alabado por los hijos del Conquistador,
la puerta de entrada para los afortunados que desean la Liberación.
Escuchad con una mente clara, afortunados que no estáis apegados a los gozos de la existencia cíclica, que os esforzáis
por darle sentido a este ocio y oportunidad, que confiáis en el sendero que satisface al Conquistador.

Sin la determinación pura de ser libre, y por culpa del aferramiento a los efectos placenteros del océano de la existencia, no hay ningún medio para lograr la paz.

Los seres están completamente esclavizados debido al ansia por la existencia;

por lo tanto, al principio, busca la determinación de ser libre.

Contemplar que la libertad y la fortuna son difíciles de encontrar, y que en la vida no hay tiempo que perder, bloquea la atracción hacia las apariencias cautivadoras de esta vida.
Contemplar repetidamente los efectos infalibles de las acciones y los sufrimientos de la existencia cíclica bloquea la apariencia cautivadora de las vidas futuras.

Habiéndote familiarizado de esta manera, cuando no generas admiración por la prosperidad de la existencia cíclica, ni tan siquiera un instante, y deseas la liberación día y noche, en ese momento, habrás generado la determinación de ser libre.
Si esta determinación de ser libre no está influenciada por la mente pura de la Iluminación, no se convertirá en causa de la insuperable Iluminación, el perfecto gozo; por lo tanto, el inteligente debe generar la mente de la Iluminación.

Arrastrados por los cuatro ríos torrenciales, encadenados por las estrechas cadenas de las acciones, difíciles de deshacer; atrapados en la jaula de hierro del aferramiento a la existencia inherente, completamente asfixiados por la espesa oscuridad de la ignorancia... nacen en la existencia cíclica ilimitada, y en sus renacimientos son incesantemente atormentados por los tres sufrimientos. Contempla el estado de los seres conscientes, tus madres, en esas condiciones: genera la mente suprema. Viendo el sufrimiento de tus madres, que se encuentran en dicha situación, debes generar la mente suprema.

Sin la sabiduría que comprende la naturaleza última de la existencia, aunque te familiarices con la determinación de ser libre y con la mente de la Iluminación, no podrás cortar la raíz de la existencia cíclica; por lo tanto, esfuérzate en los medios para comprender el surgimiento dependiente.

Aquel que ve la infalible causa y efecto de todos los fenómenos en la existencia cíclica y más allá, y destruye todas las percepciones (de existencia inherente) ha entrado en el sendero que complace al Buda.

Las apariencias son surgimientos dependientes infalibles; la vacuidad está libre de afirmaciones. Mientras estas dos comprensiones te parezcan dispares, aún no has

comprendido la intención real del Buda.

En el momento en que estas dos comprensiones son simultáneas y no tienen que alternarse, al ver el surgimiento dependiente infalible viene la comprensión que destruye por completo todo tipo de aferramiento; en ese momento, el análisis de la visión profunda se habrá completado

Así mismo, cuando las apariencias eliminan el extremo de la existencia
y el vacío elimina el extremo de la inexistencia
y se descubre que la naturaleza del surgimiento de la causa y el efecto es gracias a la vacuidad,
nunca serás cautivado por la visión que se aferra a los extremos.
Por lo tanto, cuando hayas comprendido los puntos esenciales de los los tres aspectos principales del sendero, busca la soledad, genera el poder del esfuerzo y, rápidamente, actualiza tu propósito final, hijo mío.

Este texto fue impartido por Lama Tsongkhapa a Tsakho Onpo Ngawang Dakpa.

Parte 2

Introducción

Por su Santidad el Dalai Lama

Hoy voy a explicar *Los tres aspectos principales del sendero*. Como siempre, antes de comenzar una enseñanza, vamos a llevar a cabo las tres prácticas para limpiar nuestras mentes y luego recitaremos el *Sutra del corazón*. Ahora haced el ofrecimiento del mandala.

Cualesquiera que sean las enseñanzas que se estén recibiendo, tanto el oyente como el maestro deben tener una motivación pura. Especialmente al escuchar una enseñanza mahayana, primero debes tomar refugio en el Buda, el Dharma y la Sangha para protegerte a ti mismo de seguir el sendero equivocado, y, segundo, debes generar la mente altruista de la Iluminación para diferenciarte de aquellos seguidores que caminan por senderos menores. Por lo tanto, debemos visualizar dos puntos: primero, tomar refugio en el Buda, el Dharma y la Sangha por el beneficio de todos los seres conscientes, y, a continuación, generar la aspiración altruista de la Iluminación por el bien de todos los seres conscientes. Con esta motivación debemos recitar el verso para tomar refugio en el Buda, el Dharma y la Sangha tres veces, visualizando claramente que lo estamos haciendo para beneficio de todos los seres conscientes.

Después de que el incomparable Buda hubiera alcanzado la Iluminación en Bodh Gaya, enseñó las cuatro nobles verdades: la verdad del sufrimiento, las verdaderas causas del sufrimiento, el verdadero cese del sufrimiento y el verdadero sendero. Esto se convirtió en la base o fundamento de todas las enseñanzas posteriores que dio. Aunque el Buda enseñó las cuatro nobles verdades durante su primer giro de la rueda de la doctrina, el significado del verdadero cese fue explicado más explícitamente durante el segundo giro de la rueda de la doctrina. En ese momento enseñó el significado de la vacuidad directamente y las etapas del sendero implícitamente. En otras palabras, mientras enseñaba la vacuidad, enseñó el significado de las dos verdades: la convencional y la definitiva, y el significado completo del Nirvana y el cese.

Durante el tercer giro de la rueda de la doctrina, Buda enseñó el significado de la naturaleza de buda en el *Sutra de la esencia del Tathagata*, que constituye la base de *La sublime ciencia* (*Uttaratantra*), de Maitreya. Explicó que los seres conscientes tienen la naturaleza de buda o la capacidad para iluminarse principalmente gracias a la naturaleza de la mente, que está vacía de existencia inherente y, por lo tanto, es adecuada para ser transformada en el estado de la Iluminación. Se explica claramente en *La sublime ciencia* que la mente es por naturaleza pura y libre de contaminación, lo que hace que pueda alcanzar la Iluminación. Es así porque cualquier cosa que carece de existencia inherente es cambiante y está sujeta a causas y condiciones. Como dice Nagarjuna en *Sabiduría fundamental del camino medio*:

Para cualquier (sistema) en que la vacuidad es posible, para este (sistema) todo es posible.

Para cualquier (sistema) en que la vacuidad no es posible, para este (sistema) nada es posible.

El significado del término *vacuidad* es *vacío de existencia inherente*, y eso significa depender de algo más, depender de causas y condiciones. Cuando decimos que algo depende de otros fenómenos, significa que cuando esos fenomenos cambien, esa cosa en particular también cambiará. Si no dependiera de otra cosa y tuviera existencia inherente, entonces no estaría sujeto a cambios debido a otras condiciones.

Así que, durante el segundo giro de la rueda de la doctrina, que enseña que los fenómenos carecen de existencia inherente, Buda enseñó que los fenómenos han sido hechos para cambiar porque dependen de causas y condiciones. Ahora bien, aunque los fenómenos carecen de existencia inherente, cuando aparecen ante nosotros pensamos que existen inherentemente. No sólo los fenómenos aparecen como si fueran inherentemente existentes, sino que también nos apegamos a ellos y determinamos que existen de ese modo. Por eso generamos ansia, deseo, enojo... y así sucesivamente. Cuando nos encontramos con algún objeto agradable o interesante, generamos mucho apego, y si vemos algo desagradable o poco atractivo, nos enfadamos. Por lo tanto, problemas como la ira y el apego surgen debido a que concebimos los fenómenos como inherentemente existentes.

La concepción de los fenómenos como inherentemente existentes es una consciencia errónea que se confunde respecto a su objeto de referencia, lo cual proporciona la base para todos los engaños. Sin embargo, si generamos un entendimiento de que los fenómenos no existen de manera inherente, actuará como antídoto de esa consciencia equivocada. Esto muestra que las impurezas de la mente pueden eliminarse. Si los engaños que ensucian la mente pueden ser erradicados, entonces las semillas o potenciales que dejan estos engaños también pueden ser eliminados. La pureza absoluta de la mente, que es su falta de existencia inherente, se enseña explícitamente en el segundo giro de la rueda de la doctrina.

Durante el tercer giro de la rueda se explica de nuevo, no sólo desde el punto de vista último sino también desde el convencional, que la naturaleza última de la mente es pura, y en su estado puro es sólo neutra y luz clara.

Por ejemplo, independientemente de quiénes seamos, los engaños no se manifiestan dentro de nosotros en todo momento. Es más, a veces generamos aversión y otras veces amor hacia el mismo objeto, algo que no podría ser posible si las cosas tuviesen una existencia inherente. Esto demuestra claramente que la verdadera naturaleza de la mente principal, la mente en sí, es pura, pero debido a los factores mentales, o las mentes que acompañan a la mente principal, a veces parece tener una calidad virtuosa como el amor y en otros momentos aparece en una forma engañosa como la ira. La naturaleza de la mente principal es, por lo tanto, neutra, pero al depender de su mente acompañante, puede cambiar de una mente virtuosa a una mente no virtuosa.

Así que la mente, por naturaleza, es luz clara, mientras que las impurezas o engaños son temporales y adventicios. Esto indica que si practicamos y cultivamos cualidades virtuosas, la mente puede transformarse positivamente. Por otro lado, si la mente se encuentra con engaños, entonces adoptará una forma engañosa. Por lo tanto, todas esas cualidades como los diez poderes del Buda también pueden ser alcanzados debido a esta característica de la mente.

Por ejemplo, todos los tipos de consciencia tienen la misma cualidad de comprensión y conocimiento de sus objetos, pero cuando una consciencia particular encuentra algún obstáculo, es posible que no pueda entender su objeto. Aunque mi consciencia visual tiene el potencial de ver un objeto, si lo tapo, impido que se vea el objeto. Del mismo modo, es posible que la consciencia no pueda ver el objeto porque está demasiado lejos. Así que la mente ya tiene el potencial para entender todos los fenómenos, una cualidad que no necesita fortalecerse, pero que puede verse obstruida por otros factores. Con el logro de las cualidades superiores de un buda, como los diez poderes, alcanzamos un estado de consciencia completo capaz de ver el objeto de manera clara y completa. Este estado de consciencia puede lograrse simplemente reconociendo la naturaleza real de la mente y eliminando los

engaños y las obstrucciones de la misma.

Durante el tercer giro de la rueda de la doctrina, de las cuatro nobles verdades enseñadas inicialmente durante el primer giro de la rueda, el significado del sendero verdadero se explica claramente definiendo el significado de *Tathagatagarbha*, o la naturaleza de buda. La naturaleza de buda hace posible el logro de la Omnisciencia, el estado supremo de la consciencia capaz de ver los fenómenos y su modo de existencia último.

Por lo tanto, una explicación completa del significado

de la verdadera cesación se da durante el segundo giro de la rueda de la doctrina y una explicación detallada del sendero verdadero se da durante la tercera vuelta de la rueda. Explican el potencial de la mente para conocer el modo último de existencia de los fenómenos y cómo la Omnisciencia puede lograrse si promueves y desarrollas ese potencial.

Ahora bien, cuando se trata de explicar la naturaleza suprema o última de la mente y su idoneidad para alcanzar la Iluminación, tenemos las explicaciones tanto del sutra como del tantra. Estas se diferencian por los detalles de su exposición de la naturaleza de la mente. Las enseñanzas tántricas dan una explicación clara del estado más sutil de Iluminación en el tantra más elevado, es decir, el tantra del yoga supremo. Las tres primeras clases de tantra constituyen una base para el tantra del yoga supremo.

En definitiva, esta es una breve explicación de la enseñanza de Sakyamuni Buda, desde las cuatro nobles verdades hasta la enseñanza del tantra supremo. Sin embargo, aunque tengamos una clara comprensión de la naturaleza última de la mente y la posibilidad de alcanzar la Iluminación con ella, si no practicamos y hacemos esfuerzos para lograr ese objetivo, entonces la Iluminación no será alcanzable. Así, aunque por un lado es importante conocer la naturaleza última de la mente, por otro debemos generar la intención de practicar y experimentar este potencial.

Al enseñar las dos primeras nobles verdades, el Buda describió las faltas, los defectos que deben ser rechazados y eliminados —es decir, el sufrimiento verdadero y el origen verdadero del sufrimiento–. En la enseñanza de las otras dos nobles verdades —es decir, el sendero verdadero y la cesación verdadera—, el Buda explicó que hay un método, un sendero para librarnos de estos sufrimientos y engaños, a través del cual puede lograrse el cese total de esos engaños. Si no hubiese cura ni método para eliminar el sufrimiento y alcanzar un estado de cese total y paz, no sería necesario pensar, discutir o meditar sobre el sufrimiento porque hacerlo simplemente engendraría pesimismo y crearía más sufrimiento para ti. Sería mejor permanecer confundidos y despreocupados. Sin embargo, tenemos una oportunidad, hay un sendero y un método para deshacerse del sufrimiento, por lo que vale la pena pensar y hablar sobre el sufrimiento. Esta es la importancia y la profunda trascendencia de la enseñanza del Buda sobre las cuatro nobles verdades, ya que proporcionan la base y fundamento de todas las prácticas.

Cuando pensamos en el sufrimiento y el verdadero origen del sufrimiento y llegamos a una comprensión de estas dos verdades, despertaremos el deseo de librarnos del sufrimiento y sus causas. En otras palabras, debido a que no nos gusta el sufrimiento verdadero y conocemos el verdadero origen de este, generaremos el deseo de rechazarlos. Esto se llama *la determinación de ser libre*.

Cuando consideras cuidadosamente el sufrimiento, ves que no solo tú estás bajo su poder, sino que otros seres conscientes también sufren de la misma manera. Entonces deberías pensar que como los demás seres conscientes están sufriendo como tú, qué maravilloso sería si ellos pudieran eliminar también el sufrimiento y sus causas. A este deseo se le llama compasión. Cuando, inducido por la compasión, decides que vas a ayudarles a eliminar el sufrimiento y sus causas, esto es la determinación especial o la mente que desea beneficiar activamente a los demás seres conscientes.

Entonces, si miras con atención cómo los seres conscientes pueden ser beneficiados, no sólo temporalmente sino en última instancia, te darás cuenta de que serás capaz de beneficiarlos completamente sólo si les ayudas a alcanzar la Iluminación, y para hacerlo posible debes alcanzar la Iluminación [tú mismo]. Esta mente compasiva que desea lograr la Budeidad con el fin de ayudar a todos los seres conscientes a alcanzar la Iluminación se llama la mente de la Iluminación.

Debido a que los fenómenos no tienen una existencia independiente o inherente, es factible deshacerse del sufrimiento y alcanzar el estado supremo de la Iluminación. Por lo tanto, es importante entender la naturaleza de los fenómenos, su falta de existencia inherente. La comprensión de la falta de existencia inherente en los fenómenos se llama visión correcta.

Son estas tres cualidades –la determinación de ser libre, la mente de la Iluminación y la visión correcta– las que son tratadas aquí como los tres senderos principales. Son llamados así porque proporcionan la motivación auténtica para lograr la liberación de la existencia cíclica y forman el marco ideal para alcanzar la Iluminación.

El principal medio para lograr la liberación de la existencia cíclica es la determinación de ser libre, y el medio principal para alcanzar la Iluminación es el desarrollo de la mente que desea llegar a la Iluminación para beneficio de todos los seres

o bodhichita. Ambos son incrementados por la visión correcta

o sabiduría que comprende experiencialmente la vacuidad.

Ahora comenzaré a explicar el texto.

Parte 3

Las enseñanzas

El homenaje

Rindo homenaje a los santos y elevados lamas

Esta frase es la expresión de respeto del autor antes de componer el texto. Voy a explicar el significado de estas palabras. El término *lama* no sólo denota una posición de estatus y poder en el sentido mundano, sino que también nos presenta a alguien que es verdaderamente amable y posee unas inmensas cualidades. La palabra tibetana *jey*, o *los santos y elevados,* aquí se refiere a alguien que se preocupa más por la próxima vida que por los placeres inmediatos y mundanos de este mundo, de esta vida en la existencia cíclica; se refiere a alguien que está más preocupado por el beneficio a largo plazo de otros seres conscientes durante muchas vidas por venir. La palabra tibetana *tsun*, que significa *venerable* o *disciplinado*, se refiere al lama porque él ha entendido que, por agradables o atractivos que sean los placeres y las atracciones de la existencia cíclica, son infructuosos. Ha visto la falta de cualquier valor perdurable en los fenómenos mundanos y ha dirigido su mente hacia la felicidad más duradera de las vidas futuras. En otras palabras, el lama es quien ha disciplinado su mente y no anhela los placeres de este mundo, pero aspira al logro de la Liberación.

La palabra *lama,* en realidad, significa *supremo* e indica a alguien que genera un mayor cuidado hacia los demás seres conscientes que hacia sí mismo y relega sus propios intereses por el bien de ellos.

Rindo homenaje implica postrarse. Te postras ante el lama al ver su cualidad de preocuparse por la felicidad de los demás seres conscientes, aunque sea a costa de la suya propia. Al mostrar respeto hacia esta cualidad del lama, postrándote ante él, tú mismo aspiras a alcanzar esta cualidad.

La promesa de componer el texto

(1)

Voy a explicar, tan bien como pueda,
la esencia de todas las enseñanzas del Conquistador, el sendero alabado por los hijos del Conquistador,
la puerta de entrada para los afortunados que desean la Liberación.

La primera línea expresa la promesa del autor de componer el texto. La segunda implica la determinación de ser libres, porque todas las enseñanzas del Buda apuntan hacia la Liberación. Es desde este punto de vista -el logro de la Liberación– desde el que deberíamos ser capaces de ver fallos en las aparentes maravillas de la existencia cíclica y generar un deseo de renuncia hacia ellas. La renuncia es imprescindible si deseamos lograr la Liberación. Así que esta línea alude a la renuncia de la existencia cíclica.

La expresión *los hijos del Conquistador*, en la tercera línea, tiene tres connotaciones. Puede referirse a los nacidos del cuerpo, de la palabra o de la mente del Buda; Rahula era su hijo físico. La descendencia de su discurso serían los oyentes y budas solitarios. Pero en este contexto, se refiere a los nacidos de la mente del Buda, aquellos que han generado la mente de la Iluminación. Te conviertes en un bodhisatva o en hijo del Buda sólo si tienes esta aspiración altruista de alcanzar la Iluminación para beneficio de todos los seres. Los bodhisatvas son llamados descendientes de la mente del Buda porque nacen de cualidades que se hallan en el flujo mental de los budas.

La última línea del verso alude a la visión correcta, ya que el logro de la Liberación depende de si has comprendido la vacuidad. Así que estas tres líneas introducen los tres aspectos principales del sendero: la determinación de ser libre, la mente de la Iluminación y la visión de la vacuidad, cuyos significados se explican en este texto.

Exhortar a los discípulos a escuchar

(2)

Escuchad con una mente clara, afortunados que no estáis apegados a los gozos de la

existencia cíclica,
que os esforzáis por darle sentido a este ocio y oportunidad,
que confiáis en el sendero que satisface al Conquistador.

La mayoría de nosotros tenemos recursos suficientes para no tener que trabajar excesivamente para obtener comida, ropa y demás. Pero está claro que en esta vida el hecho de tener lo suficiente para comer no es lo bastante satisfactorio. Anhelamos algo más. Seguimos anhelando algo más. Esto indica claramente que, a menos que el placer y la felicidad sean provocados por la transformación de la mente, no es posible lograr una felicidad duradera a través de medios externos, por mucho que las condiciones externas puedan ser favorables.

La felicidad y el malestar dependen mucho de nuestra actitud mental. Por lo tanto, es importante que logremos una transformación interna de la mente. Dado que la felicidad duradera sólo puede lograrse de esta manera, es importante confiar en el poder de la mente y descubrir su naturaleza suprema. Hay muchas enseñanzas diversas en diferentes tradiciones religiosas acerca de cómo lograr dicha transformación. La enseñanza del Buda, que estamos abordando aquí, contiene una explicación clara, detallada y sistemática.

Nos podemos calificar, más o menos, de *afortunados*, como dice este verso, porque estamos tratando de reducir nuestro apego, procurando hacer un uso significativo de este vida preciosa como un ser humano libre y afortunado, y confiando en las enseñanzas del Buda. Así que esta línea dice que prestemos atención a la enseñanza que el autor va a impartir.

La necesidad de generar la determinación de ser libre

(3)

Sin la determinación pura de ser libre, y por culpa del aferramiento a los efectos placenteros del océano de la existencia, no hay ningún medio para lograr la paz. Los seres están completamente esclavizados debido al ansia por la existencia; por lo tanto, al principio, busca la determinación de ser libre.

Aquí comenzamos el cuerpo del texto, la enseñanza en sí que contiene. Este verso explica la necesidad de generar la determinación de ser libre –una mente que busca la liberación de la existencia cíclica–. Ver los fallos y deficiencias de la existencia cíclica genera un fuerte deseo de abandonarla y de lograr la Liberación, es lo que llamamos la determinación de ser libre. Mientras no puedas ver la falta de sentido de los placeres de la existencia cíclica, sigas viendo algún significado o atracción en ellos y persistas en aferrarte a ellos creyendo que te van a proporcionar lo que no pueden proporcionarte, no podrás dirigir tu mente hacia la Liberación o ni siquiera te darás cuenta de lo esclavizado que estás.

Así que las primeras líneas del verso te dicen que, a menos que tengas una determinación pura de liberarte del océano de existencia cíclica, tus intentos para lograr la paz serán en vano. Nuestra fascinación por la existencia cíclica debido al ansia y al apego nos ata a ella. En consecuencia, si de verdad buscamos la paz de la Liberación, el paso correcto que debemos llevar a cabo es generar la determinación de ser libre y reconocer las desventajas de la existencia cíclica y rechazarlas.

La biografía del Buda nos puede proporcionar una clara comprensión del significado de la determinación de ser libre para nuestra propia práctica.

Nació como príncipe en una familia adinerada, estaba bien educado, tenía esposa e hijo y disfrutaba de todos los placeres mundanos imaginables. Sin embargo, a pesar de tener todo tipo de seductores placeres a su disposición, quedó alterado ante la visión del sufrimiento de los demás al topar con ejemplos de los sufrimientos del nacimiento, la enfermedad, la vejez y la muerte. Descubrió por sí mismo que, no importa cuán atractivas sean las comodidades externas, mientras tengamos un cuerpo físico como el nuestro, que es de corta duración producto de acciones contaminadas y aflicciones o engaños, estos atractivos placeres externos son engañosos.

Una vez comprendió esto, trató de encontrar un sendero hacia la liberación del sufrimiento renunciando a todos los placeres mundanos, incluyendo la vida familiar con su esposa e hijo. Aumentando gradualmente su determinación de ser libre de esta manera, fue capaz de alcanzar no sólo la Liberación, sino también la Iluminación.

Por lo tanto, se enseña que tienes que desarrollar la determinación de ser libre. Simplemente renunciar a las comodidades de la existencia cíclica y detener el apego y el ansia hacia ellas no es suficiente. Debemos cortar la corriente de nacimientos. El renacimiento tiene lugar debido al ansia y el deseo, y debemos cortar su continuidad mediante la práctica de la meditación. Por ello el Buda entró en profunda estabilización meditativa durante seis años. Finalmente, por medio de la unión entre la permanencia apacible (tib: *shiné*) y la visión especial (tib *lhag tong*, pali: *vipassana*) adquirió el poder de superar los obstáculos que representan los agregados y fuerzas malignas externas. Eliminó la fuente de emociones y aflicciones perturbadoras y, debido a que se apagaron, también venció a la muerte. De esta manera conquistó las cuatro fuerzas malignas u obstáculos.

Como seguidores del Buda, nosotros también debemos tratar de ver los defectos de las atracciones de la existencia cíclica. Entonces, sin apego hacia ellas, genera concentración y céntrate en la visión de la ausencia de existencia inherente, comprendiendo así la naturaleza real de los fenómenos.

Cómo generar la determinación de ser libre

Ahora, si te preguntas cómo practicar esta determinación para ser libre, cómo generar la mente que desee renunciar a la existencia cíclica, el siguiente verso dice:

(4)

Contemplar que la libertad y la fortuna son difíciles de encontrar,
y que en la vida no hay tiempo que perder, bloquea la atracción
hacia las apariencias cautivadoras de esta vida.

Contemplar repetidamente los efectos infalibles de las acciones, y los sufrimientos de la existencia cíclica, bloquea la apariencia cautivadora de las vidas futuras.

Este verso explica cómo detener el apego a esta vida primero y luego a las vidas futuras. Para poder cortar el apego hacia los placeres de esta vida, es importante pensar en lo preciosa que es esta vida humana, lo difícil que es encontrarla y las muchas cualidades que nos proporciona. Si pensamos con claridad sobre estos puntos, podremos extraer el significado de haber alcanzado un nacimiento humano. La vida como ser humano es valiosa porque con ella alcanzamos un estatus, calidad y la inteligencia que está ausente en todos los demás animales, incluso en todos los demás seres conscientes. Tenemos el poder de lograr tanto un gran beneficio como una gran destrucción. Perder el tiempo con tonterias y actividades banales es desperdiciar este precioso potencial: una gran pérdida.

Por lo tanto, es importante que reconozcamos nuestra capacidad, nuestras cualidades y nuestra inteligencia suprema, que otros seres conscientes no poseen. Si somos capaces de identificar estas cosas, podremos apreciarlas y utilizarlas. El poder del cerebro y la inteligencia humana es maravilloso. Es capaz de planificar con antelación y puede implicarse en un pensamiento profundo y extenso, algo que no pueden hacer otras especies de seres conscientes. Como tenemos un cerebro y una inteligencia tan poderosa, es importante identificar primero la fuerza y naturaleza de su atributo de tener consciencia. Es preciso dirigir, pues, nuestra consciencia en la dirección correcta para poder contribuir significativamente a la paz y la armonía del mundo y de todos los seres conscientes. Tomemos el ejemplo de la energía nuclear. Hay gran poder dentro de una partícula nuclear, pero si la usamos equivocadamente o la manejamos mal, puede ser muy destructiva. Hoy en día tenemos misiles nucleares y otras armas, que solo oir su nombre nos da miedo porque son muy destructivos. Pueden causar destrucción masiva en una fracción de tiempo. Por otro lado, si utilizamos el poder nuclear de manera constructiva, puede ser de gran ayuda a la humanidad y a los seres conscientes en general. De igual modo, ya que los seres humanos tenemos tal capacidad y poder, es muy importante que lo utilicemos en beneficio de todos los seres conscientes. Empleado adecuadamente, el ingenio humano puede ser una gran fuente de beneficio y felicidad, pero si lo utilizamos mal puede proporcionar una

gran miseria y destrucción.

Debemos pensar en la importancia de nuestra valiosa vida humana desde el punto de vista de esta aguda inteligencia. Sin embargo, también es importante entender que la vida de un ser humano libre y afortunado no sólo es significativa y difícil de encontrar, sino que también es efímera.

Las líneas siguientes dicen que si pensamos repetidamente acerca de la conexión infalible entre las causas, nuestras acciones, y los sufrimientos de la existencia cíclica, seremos capaces de cortar nuestro apego a la vida futura. En la actualidad llevamos a cabo muchas actividades para obtener alimentos, ropa y un buen nombre. Además, nuestras experiencias en la última parte de nuestra vida dependen de las acciones que hemos realizado en la parte anterior. Este es el significado de las acciones y los resultados. Aunque no es la interpretación más sutil, cuando hablamos de acciones y resultados, las acciones incluyen cualquiera de las cosas que hacemos para obtener cualquier tipo de felicidad o placer. Los resultados son los efectos que logramos. Por lo tanto, en la primera parte de nuestra vida nos involucramos en ciertos tipos de actividades que creemos que nos conducirán a algún tipo de felicidad o al éxito en un futuro. Del mismo modo, participamos en ciertos tipos de acciones en esta vida para poder lograr un buen resultado en nuestra próxima vida. En otras palabras, nuestras experiencias en la última parte de nuestra vida dependen de las acciones que hemos realizado en la parte anterior de nuestra vida, y nuestras experiencias en el futuro, ya sean agradables o desagradables, dependen de las acciones que hemos cometido en vidas anteriores.

Estas acciones se realizan ya sea con el cuerpo, la palabra o la mente y, por lo tanto, se denominan acciones físicas, verbales y mentales. Desde el punto de vista del resultado que producen, pueden denominarse acciones correctas, incorrectas o neutras. Las acciones correctas dan lugar a resultados agradables, las acciones incorrectas dan lugar a resultados desagradables y las acciones neutras conducen a una sensación de ecuanimidad. Luego hay acciones que, definitivamente, darán lugar a un resultado y otras que no lo harán. Por ejemplo, cuando se produce una acción, hay una motivación, una intención, luego se lleva a cabo y por último se concluye.

Ahora bien, cuando la intención, la acción y la conclusión son muy fuertes, es definitivo que la acción dará lugar a un resultado, ya sea bueno o malo. Por otro lado, si la intención es muy fuerte, pero [la acción]no se lleva a cabo, o si, al final, en lugar de pensar que has completado la acción te arrepientes de lo que has hecho, entonces esa acción en particular puede que no produzca un efecto en ese momento. Si alguno de estos tres aspectos —intención, ejecución y conclusión— no están presentes, la acción se clasifica como indefinida.

Desde el punto de vista de la base que experimenta el resultado, hay acciones que dan fruto en esta vida, acciones que dan fruto inmediatamente después de esta vida y acciones cuyos frutos se experimentarán muchas vidas después de la siguiente. También hay dos niveles de acción que se pueden clasificar como acciones que proyectan y acciones que completan. Las acciones que proyectan son aquellas acciones que son responsables de proyectarnos en una vida particular a través del nacimiento como ser humano, animal u otro estado de ser.

Las acciones que completan son aquellas que determinan la calidad de cualquier vida en la que nazcamos.

Por ejemplo, a pesar de ser un humano, puedes ser perpetuamente pobre. Desde el nacimiento tus facultades pueden estar dañadas o tus extremidades lisiadas. Por otro lado, tu complexión puede ser radiante y puede que tengas una fuerza natural. Incluso si naces como un animal, puede que lo hagas como un animal doméstico y disfrutes de un cómodo hogar. Este tipo de cualidades o defectos que heredas desde el nacimiento son los resultados de las acciones que completan. Así que una acción en particular podemos decir que completa o proyecta según su función. Es posible que, aunque la acción que proyecta sea sana, la acción que completa sea no virtuosa, y que aunque la acción que completa sea insana, la acción que proyecta sea virtuosa.

Ya sea que una acción particular sea positiva –como la fe en el Buda– o negativa –como el apego– si en sus propios términos es pura, se puede considerar como completamente blanca y virtuosa o como completamente negra e insana. Si la preparación, la ejecución y la conclusión de una determinada acción son totalmente virtuosas, entonces esa acción puede ser considerada una acción virtuosa. Pero si [la acción] resulta de una preparación, ejecución y conclusión impuras, entonces puede ser considerada una acción insana. Si es el resultado de una intención mixta, una ejecución pura y una conclusión impura, en otras palabras, si se trata de una mezcla tanto de cualidades positivas como negativas, entonces puede llamarse una acción mixta.

Es el *yo*, o la persona, el que acumula una acción y experimenta sus resultados. Aunque estos diferentes niveles de acciones son el producto del pensamiento de seres conscientes particulares, no son producidos por un creador del mundo. Hay alguien que crea la acción, porque cuando hablamos de acción, la palabra misma implica claramente que hay un actor o agente que realiza esa acción, pero no es un agente externo.

¿Cómo una acción da lugar a un resultado? Por ejemplo, cuando chasqueo los dedos, inmediatamente me paro y la acción ha terminado, dejando atrás un resultado. Si preguntas qué resultado es, te diré que es la mera desintegración de la acción y la desintegración de una acción sigue incesantemente. Así que, cuando hablamos del resultado de una acción en particular, es la mera desintegración, o parte de la desintegración, o el cese de esa acción en particular. Para aclarar el asunto, es una especie de potencial que queda atrás debido a la desintegración de esa acción, lo cual es responsable de crear o producir muchos otros fenómenos condicionados.

Si te preguntas dónde están las impresiones de ese potencial de la desintegración o cese de esa acción en particular, la respuesta es que están en el continuo de la consciencia existente durante el momento inmediatamente posterior al cese de la acción. Hay ocasiones en que la consciencia está alerta y despierta, y hay ocasiones en que la consciencia está latente, como, por ejemplo, cuando estamos en un sueño profundo o cuando nos desmayamos. Por lo tanto la consciencia no es un lugar totalmente fiable para depositar dicho potencial. A veces es muy sutil y otras no, por lo que la consciencia proporciona sólo una base temporal para dichas impresiones kármicas.

Por lo tanto, si buscamos una explicación definitiva, es el *mero yo*, o la persona, quien transporta el potencial de una determinada acción. Esta explicación se basa en la explicación última de la escuela más elevada, es decir, la *escuela del camino medio, de las consecuencias* o *prasangika*. He usado la expresión *mero yo* para aclarar que el *yo*, o la persona, sólo tiene una existencia nominal y no una existencia inherente. El *yo* sólo se designa y no existe por sí mismo. No es algo que puedas señalar con el dedo. La palabra *mero* indica un *yo* que simplemente se designa por el nombre y el pensamiento, y niega un *yo* que se autosostiene o independiente. La negación de un *yo* inherente o que se autosostiene no significa que el *yo*, o persona, se convierta en la base en la que se deja la huella o el potencial de una acción. En general, el *yo* es designado dependiendo de los agregados físicos y mentales.

Cuando hablamos del cuerpo físico y la consciencia, que son la base de designación del *yo* con referencia a un ser humano, es principalmente la consciencia la que se convierte en la base de la designación del término *yo*. La consciencia tiene muchos niveles, algunos de ellos son burdos y otros sutiles.

El cuerpo físico de un ser humano también se puede dividir en muchas partes, como el ojo, la oreja, etc. Estas partes físicas se convierten a su vez en la base para la designación de la consciencia. Por ejemplo, la consciencia visual se designa sobre la base del ojo, la consciencia auditiva sobre la de la oreja... y así sucesivamente. Pero si tratas de encontrar la base más sutil para designar la consciencia, parece que los nervios y vías del cerebro son en realidad la base para designar la consciencia mental. Luego también se habla de las bases de los poderes sensoriales, y estos se supone que son muy sutiles. No está claro si estas bases de los poderes sensoriales se pueden encontrar en el cerebro o en otro lugar. Será un interesante objeto de investigación.

Un ejemplo. Con el fin de generar una consciencia visual, son necesarias muchas condiciones o causas. La *causa dominante* es un poder sensorial visual sin defectos. Tener una forma particular dentro de su punto de enfoque se convierte en la *condición del objeto.* Sin embargo, a pesar de la presencia de tales condiciones, no es definitivo que surja la consciencia visual. Esto indica que se requiere una tercera condición que es la consciencia —la condición inmediatamente anterior—, además de la condición externa del objeto y la condición dominante interna del poder sensorial. Por lo tanto, para que surja la consciencia sensorial visual, son necesarias las tres condiciones.

Como ejemplo para dilucidar este punto, hay algunos casos de personas que, después de una larga enfermedad, están tan débiles físicamente que sus latidos cardíacos y todas sus funciones físicas se detienen. Dado que la persona ha entrado en un coma profundo, no puede percibirse ninguna actividad o función física, y el médico los declara clínicamente muertos. Sin embargo, a veces, después de unos minutos o incluso horas, a pesar de la aparente falta de actividad física, la persona comienza a respirar de nuevo, el corazón comienza a latir y recupera sus funciones físicas. Este *renacer*, a pesar del cese previo de todas las funciones físicas, muestra la presencia inevitable de una condición mental que inmediatamente lo precedió. Cuando esta condición inmediata —la consciencia— está presente, la persona puede, de nuevo, volver a la vida. Del mismo modo, en el caso de una consciencia sensorial, la mera presencia de una condición objetiva y de una condición dominante no son suficientes para generar una consciencia particular.

Según el punto de vista budista, cuando hablamos de los diversos niveles de consciencia de un ser humano en particular que se designan basándose en las diversas partes del cuerpo, nos referimos a los niveles más burdos de la consciencia de una persona. Estos niveles de consciencia se denominan la consciencia de un ser humano porque dependen de partes concretas de un cuerpo humano. En consecuencia, cuando un ser humano se muere, los niveles más burdos de la consciencia que dependen del cuerpo físico también parece que desaparecen, pero es interesante darnos cuenta de que su surgimiento como entidades de la consciencia no se debe únicamente a la presencia del cuerpo físico: son producidas como entidades de claridad y cognición, tales como la consciencia visual, la consciencia auditiva, y así sucesivamente, dependiendo de condiciones que no son el cuerpo. Hay una causa fundamental que genera estas consciencias como entidades de claridad y cognición, y según las diversas condiciones que encuentran, surgen las consciencias que conocen formas, sonidos, y así sucesivamente. Esto muestra que hay una consciencia independiente del cuerpo físico más burdo, pero cuando encuentra condiciones burdas, aparece como consciencia.

La consciencia tiene una naturaleza mucho más sutil, y si examinas esa naturaleza más sutil, entonces la causa real y sustancial de esa consciencia sólo puede ser la continuidad de la consciencia que la precedió, independientemente de si hay un cuerpo físico o no. Por lo tanto, claramente hay una especie de mente natural innata que es totalmente pura y clara. Cuando este estado puro de la mente entra en contacto con diferentes niveles del cuerpo físico, la consciencia se manifiesta de manera más o menos burda en dependencia del cuerpo físico en particular sobre la que esté siendo designada. Pero si examinas la naturaleza real de la mente, tiene una existencia independiente de los niveles más burdos del cuerpo físico.

Dicho estado mental, puro y natural, que existe de forma independiente del cuerpo físico, se llama luz clara primordial o consciencia primordial —una consciencia que siempre ha estado presente—. Comparadas con ella, las consciencias más burdas son adventicias porque a veces están presentes y en otros momentos ausentes. Esta consciencia de luz clara innata y primordial es la verdadera base de designación de un ser consciente. Así que quien tenga este tipo de consciencia, este estado puro de la mente, se denomina un ser consciente, y este es el criterio principal que distingue a los seres conscientes de otros seres vivos y otros fenómenos.

Sin duda la persona, o el *yo*, se designa dependiendo del conjunto del cuerpo y la consciencia, pero es la luz clara primordial innata la que es la base exclusiva de la designación de una persona y no el cuerpo físico. Incluso las plantas y las flores tienen una especie de cuerpo físico, pero ya que carecen de este tipo de consciencia sutil innata no se denominan personas. Cualquiera que sea la forma o aspecto exterior, cualquiera que posea una continuidad de consciencia y tenga sensaciones, sentimientos, percepción y demás, es referido como *persona*. Por lo tanto, diferentes textos explican que el *yo*, o la persona, se atribuye a la continuidad o flujo de la consciencia.

Aunque las consciencias específicas varían según las diferentes ocasiones, y los niveles más burdos de la consciencia dependen de varios cuerpos físicos, el nivel más sutil de consciencia, la mera entidad de claridad y cognición —la luz clara primordial innata—, es independiente del cuerpo físico. La naturaleza de la consciencia no tiene principio. Si intentas rastrear el origen de la consciencia, puedes retroceder más y más hacia atrás, pero no llegarás a un punto en el que puedas decir : "Aquí es donde esta consciencia empezó a ser". Por lo tanto, el hecho de que la consciencia existe desde tiempo sin principio es una especie de ley natural.

Esta es también una explicación más realista porque si aceptas un comienzo de la consciencia, o bien tienes que afirmar un creador de la consciencia o tienes que decir que la consciencia surge sin causa alguna. Esto es absurdo, por el hecho de que la consciencia ya se ha explicado como un fenómeno en el que no puedes señalar su principio. Si te preguntas por qué la mente no tiene principio, solo podemos decir que es una ley natural.

Si observamos con cuidado, hay muchas cosas en este mundo cuya continuidad se puede rastrear desde un tiempo sin principio. Pero si te preguntas cuál es su origen real y último, no encontrarás respuesta. Es simplemente su naturaleza. Si te preguntas por qué las formas físicas aparecen con la entidad de una forma, simplemente es debido a su naturaleza. Si decimos que esto aparece sin causa alguna o por causas no relacionadas, entonces, ¿por qué no puede ocurrir ahora sin causa, si ha podido ocurrir con anterioridad?

Por lo tanto, según la perspectiva budista, si preguntas si la consciencia tiene un principio, la respuesta es que el continuo de la consciencia es sin principio, el origen del *yo*, o la persona, es sin principio, y el nacimiento es sin principio. Y si preguntas si estas cosas tienen un final, de nuevo la respuesta es negativa si estás pensando en el mero continuo de la consciencia o el mero continuo de una persona. Pero hay un final en el estado impuro de la mente, el estado impuro de una persona, y también hay un límite de nacimiento porque normalmente, cuando hablamos de nacimiento, nos referimos a algo que se ha producido a través de acciones contaminadas y engaños.

Debido a la carencia de principio del nacimiento, las experiencias posteriores de sufrimiento y placer están conectadas a acciones realizadas anteriormente. Los diferentes tipos de acciones negativas o acciones virtuosas que una persona acumula en diferentes vidas están conectadas a resultados en vidas diferentes. Por ejemplo, si cometes algunas acciones virtuosas o negativas en esta vida, entonces tendrás que experimentar sus resultados más adelante. Del mismo modo, es posible que hayas cometido algunos actos virtuosos o insanos en una vida pasada, cuyos resultados los habrás experimentado en aquella misma vida o los tendrás que experimentar en la que estás viviendo ahora. Si no has acumulado tales acciones, entonces nunca experimentarás sus efectos. Por otro lado, si has llevado a cabo una acción en particular, entonces, generalmente hablando, nunca escaparás del resultado: tarde o temprano va a dar su fruto. Del mismo modo, si uno ha acumulado una acción positiva, el resultado será definitivamente positivo.

Estos tipos de acciones se denominan acciones definitivas, pero hay también acciones cuyo resultado no es muy definitivo porque las condiciones apropiadas no estaban presentes. Además, hay acciones que parecen de menor importancia, pero cuyos resultados se multiplican rápidamente dependiendo de las circunstancias, la situación y las condiciones. Así que hay muchos tipos de acción: acción definitiva, acción indefinida, acciones que se multiplican en gran medida, así como el hecho de que no se encuentran los resultados de las acciones no realizadas y de que las acciones una vez hechas no se disipan.

Por lo general, todas nuestras acciones diarias surgen a partir de algún deseo. Por ejemplo, si deseas ir a algún lugar, te preparas y vas; si deseas comer algo, buscas algo para comer y te lo comes. El deseo se puede clasificar en dos tipos, uno de los cuales es negativo y el otro lógico y bueno. Por ejemplo, el deseo de lograr la liberación de la existencia cíclica resulta una empresa razonable, por lo tanto, es un deseo lógico y sano. Por otro lado, generar apego hacia un objeto en particular, algo que deseas obtener o lograr, es un deseo impuro, y por lo general surge de una concepción errónea de los fenómenos como si existiesen de forma independiente o inherente. La mayor parte del trabajo que hacemos en la existencia cíclica y los deseos que generamos son el resultado de este tipo de razonamiento ilógico.

Familiarizar la mente con cualidades positivas y tratar de alcanzar objetivos como la Liberación son deseos lógicos. Sin embargo, es posible que en casos particulares el deseo de lograr la Liberación esté asistido por la concepción de la existencia verdadera o inherente. Sin embargo, todo deseo de perfección mundana se basa en la ignorancia que concibe la existencia verdadera o inherente. Por estos motivos es mejor clasificar el deseo en dos sentidos: uno que es resultado del razonamiento correcto y otro que es resultado de un razonamiento incorrecto. El resultado del deseo basado en la concepción de la existencia verdadera es la existencia cíclica. Sin embargo, hay otro tipo de deseo basado en un razonamiento lógico que no proyecta una existencia cíclica, pero aspira a alcanzar los logros supremos y cualidades del Buda, la doctrina, la comunidad espiritual y el Nirvana, el estado que hay más allá del sufrimiento. Hay un deseo y anhelo de alcanzarlos.

Si no clasificamos el deseo en dos tipos, podríamos pensar que desear la Liberación es impropio, que desear la práctica religiosa es inadecuado y que incluso desear la felicidad también es inadecuado. Sin duda hay diferentes modos de desear tu propia felicidad, pero lo que está claro es que mientras tengamos apego y una concepción de un yo verdaderamente existente, esas acciones características de la existencia cíclica se continuarán creando.

La medida de haber generado la determinación de ser libre

En términos generales, una vez que se ha acumulado una acción, el resultado va a ser experimentado. Por lo tanto, aunque puedas estar disfrutando de las delicias de la existencia cíclica justo ahora y los sufrimientos intensos no se manifiesten, no estamos liberados de los grilletes y las trampas de dichas acciones, no tenemos seguridad alguna y estamos sin una garantía de felicidad duradera. Este texto habla sobre esta perspectiva en particular:

(5)

Habiéndote familiarizado de esta manera, cuando no generas admiración por la prosperidad de la existencia cíclica, ni tan siquiera un instante, y deseas la liberación día y noche, en ese momento habrás generado la determinación de ser libre.

Si entiendes la infalible ley de causa y efecto, verás que, a menos que purifiques completamente tus acciones, cualquier tipo de aparente disfrute y placer que encuentras en la existencia cíclica es poco fiable. Una vez comprendes esto claramente, no te verás confundido por los placeres de la existencia cíclica y serás capaz de frenar tu apego a la vida siguiente.

Como seres humanos en la existencia cíclica, normalmente encontramos cuatro tipos de sufrimientos: el sufrimiento del nacimiento, el de la vejez, el de la enfermedad y el de la muerte. Desde nuestro nacimiento nos enfrentamos a sufrimientos: nuestra vida comienza con el sufrimiento. A partir de entonces comienza el proceso de envejecimiento y empezamos a convivir con diferentes tipos de enfermedades. Incluso cuando estamos sanos nos encontramos con gran cantidad de obstáculos y confusiones. Finalmente, el capítulo de nuestra vida se cierra con los sufrimientos de la muerte.

Cuando hablamos de alguien que está en la existencia cíclica, nos referimos a un ser consciente que está, incontrolablemente, bajo el dominio de las acciones contaminadas y los engaños. Puesto que estamos atosigados por las acciones y los engaños, tenemos que renacer repetidamente en un ciclo, por lo tanto se llama existencia cíclica.

De las dos, las acciones contaminadas y los engaños, son estos últimos, los engaños, los principales responsables de lanzarnos a la existencia cíclica. Cuando estamos libres de engaños, alcanzamos la Liberación. Los engaños son estados mentales que, cuando surgen dentro de nuestro continuo mental, nos perturban, confunden y nos reportan infelicidad. Por lo tanto, aquellos estados mentales que nos engañan o nos afligen se llaman engaños o aflicciones (skt: *klesha*). Esas son las cualidades negativas que nos hacen infelices cuando surgen dentro de nosotros. Son estas perturbaciones internas y no las condiciones externas las que realmente nos hacen sufrir.

Mientras tengamos a esos malhechores residiendo dentro de nosotros, la felicidad es imposible. Así que, si realmente queremos transformarnos nosotros mismos y alcanzar la máxima felicidad, debemos identificar estos estados engañosos de la mente y eliminarlos. La Iluminación, el estado de mayor felicidad, no puede ser actualizado por ningún otro medio que no sea la transformación de nuestra mente.

Por lo general, en un nivel ordinario, creemos que engaños como el apego y la ira son *cualidades* que hacen que la vida sea significativa y vibrante. Pensamos que sin el apego y la ira, nuestra sociedad se volvería incolora y sin vida. Pero si piensas cuidadosamente y sopesas las cualidades y desventajas de engaños como el apego y la ira, descubrirás que, a corto plazo, te dan un poco de alivio y hacen que tu vida parezca memorable. Pero si aplicas un escrutinio más detenido, encontrarás que cuanto menos aparezcan estos engaños que tenemos, aunque la vida pueda parecer menos colorida, desarrollamos más calma interior, fuerza interior y felicidad duradera. En consecuencia, nuestra mente es más feliz, nuestra salud física mejorará y podremos implicarnos con éxito en virtuosas actividades.

Por supuesto, quizá pienses que tu vida ahora es incolora, poco atractiva o sin sentido. Sin embargo, si miras el beneficio a largo plazo tuyo y el de otros seres conscientes, y piensas meticulosamente, te darás cuenta de que cuanto más controlas tus engaños, mayor será tu paz mental y bienestar físico.

En pos de la salud, muchas personas hacen varios tipos de ejercicios de yoga. Sin duda esto es muy bueno para ellos, pero si pudieran también hacer un poco de yoga mental, eso sería aún mejor. En resumen, mientras tu mente esté alterada y defectuosa, continuará encontrando problemas y sufrimientos. Y si tu mente está bajo control, disciplinada y libre de estos errores, tendrás más fuerza interior, calma, paz y estabilidad, y como resultado podrás ser más creativo. Viendo nuestra propia experiencia, en la que cuanto más alterada está nuestra mente más sufrimiento tenemos, podemos deducir que cuando está completamente clara nuestra experiencia de felicidad es más estable.

¿Es posible la Liberación?

Hasta este punto hemos hablado de los errores, los sufrimientos y los engaños de la existencia cíclica. Por un lado, tenemos que pensar en los errores y sufrimientos de la existencia cíclica y generar aversión hacia ellos, y por el otro tenemos que determinar la posibilidad de alcanzar el Nirvana —el cese del sufrimiento, la completa eliminación de los engaños—. Te puedes preguntar: ¿existe de verdad un método mediante el cual podamos lograr la Liberación o un método mediante el cual podamos eliminar completamente los sufrimientos y los engaños? Vale la pena preguntarse primero si el Nirvana, o la Liberación, existe realmente. La Liberación, o el cese, es la naturaleza de la mente en el momento de la aniquilación completa de las impurezas por medio de sus antídotos.

Cuando piensas en los sufrimientos de la existencia cíclica y estás hastiado de ellos, anhelas el Nirvana o la Liberación como alternativa. Digamos que tenemos una mente impura y llena de engaños. Cuando las impurezas del momento anterior del continuo de esta consciencia en particular son eliminadas completamente, la naturaleza misma de esa consciencia purificada es la Liberación, el Nirvana o el verdadero cese. En otras palabras, las enseñanzas dicen que la existencia cíclica que actualmente estamos experimentando no es eterna, ya que ha surgido por causas y condiciones concretas y pueden ser contrarrestadas.

Si te preguntas cuál es la causa de la existencia cíclica, es la ignorancia, la concepción de la existencia verdadera o inherente.

¿Y cuál es el remedio para dicha ignorancia? Es la sabiduría que comprende la vacuidad o la sabiduría que comprende la verdadera naturaleza de los fenómenos. Ahora bien, estas dos cualidades —la ignorancia, que causa la existencia cíclica, y la sabiduría que comprende la vacuidad, que es el antídoto contra la ignorancia— no pueden permanecer simultáneamente en el continuo de un ser humano porque son mutuamente excluyentes. Aunque ambas observan el mismo objeto, sus modos de aprehensión son completamente opuestos entre sí. Por lo tanto, no pueden permanecer en el continuo de una persona con la misma fuerza. A medida que una se fortalece, la otra se debilita.

Si examinas estas dos cualidades con cuidado descubrirás que la ignorancia no tiene un soporte o fundamento válido mientras que la sabiduría que comprende la vacuidad sí lo tiene. Cualquier cualidad que tenga una base válida puede fortalecerse y desarrollarse ilimitadamente. Por otro lado, puesto que la concepción de la existencia verdadera carece de una base válida, cuando se encuentra con la sabiduría que comprende la vacuidad, una mente válida basada en el razonamiento correcto, se debilita de tal manera que finalmente se puede eliminar por completo. Así que, en última instancia, la sabiduría que comprende la naturaleza de los fenómenos puede desenraizar la ignorancia, la fuente de la existencia cíclica.

Si examinamos cómo surgen el apego y la ira dentro de nosotros cuando nuestras mentes están tranquilas y claras, de qué manera ansiamos el objeto, cómo nos aparece y cómo generamos una concepción de existencia verdadera con respecto a él, podremos entender de qué modo surgen estos engaños en nuestro interior. Aunque puede que no obtengamos una comprensión directa, podemos despertar asunciones correctas al respecto.

¿De qué modo el apego y la ira se sostienen basándose en la concepción de la existencia verdadera? Cuando, por ejemplo, estás muy enfadado con alguien, observa que, en ese momento, ves a esa persona como completamente desagradable, odiosa. Luego, un amigo te dice que no, que esa persona no es tan desagradable porque tiene estas o aquellas cualidades. Sólo escuchando estas palabras, cambias de opinión y ya no ves a la persona con la que estabas enfadado como completamente desagradable y odiosa. Esto muestra claramente que, justo desde el principio, al generar apego, enojo y demás, la tendencia mental es ver a esa persona u objeto en particular no simplemente como alguien agradable o desagradable, sino *completamente* desagradable o *completamente* agradable desde su propio lado. Si la persona es agradable, la ves *completamente* atractiva desde su propio lado, cien por cien atractiva, y si estás enfadado con él o ella, la ves completamente desagradable. En otras palabras, ves cualquier cualidad que pueda tener como *algo que existe en ella de manera inherente o independiente*. Por lo tanto, este modo de aprehender los fenómenos como si existieran de manera inherente o verdadera proporciona una base sólida para que surjan engaños como el apego y el enfado. A partir de estas explicaciones, puedes suponer que, en general, estas cualidades —la Liberación o el Nirvana— existen. Es un fenómeno. No sólo existen, sino que es algo que se puede lograr en tu continuo mental. Si te entrenas en las dos prácticas de pensar en las desventajas y los sufrimientos de la existencia y las ventajas de librarte de estos sufrimientos y la posibilidad de alcanzar la Liberación, entonces serás capaz de generar la determinación de convertirte en alguien completamente libre de la existencia cíclica.

La raíz de la mente de la Iluminación

Los siguientes versos explican la generación de la mente de la Iluminación (skt: *bodhichita).* En primer lugar, se explica la necesidad y el propósito de generar altruismo.

(6)

Si esta determinación de ser libre no está influenciada por la mente pura de la Iluminación, no se convertirá en causa de la insuperable Iluminación, el perfecto gozo; por lo tanto, el inteligente debe generar
la mente de la Iluminación.

Por muy fuerte que sea tu familiaridad con la determinación de liberarte de la existencia cíclica, a menos que generes una actitud altruista o un fuerte deseo de beneficiar a los seres conscientes, será imposible para ti alcanzar la Iluminación. En este sentido, la *Preciosa Guirnalda*, de Nagarjuna, dice:

Si tú y este mundo deseáis actualizar la suprema Iluminación, su raíz es la mente de la Iluminación.

La base para generar la aspiración altruista de obtener la Iluminación es la compasión, que consta de muchos tipos. Un tipo de compasión es pensar en lo maravilloso que sería que los seres conscientes estuvieran libres de sufrimiento. Hay otros grados de compasión que no sólo incluyen este pensamiento, sino también un mayor coraje, lo cual induce a una determinación especial para asumir la responsabilidad personal para liberar del sufrimiento a los seres sentientes.

Incluso los oyentes y los budas solitarios desean firmemente que los seres conscientes se separen del sufrimiento, al igual que, a veces, nosotros mismos generamos el tipo de compasión que piensa en lo agradable que sería si los seres conscientes estuvieran libres de sufrimientos. Por ejemplo, al ver la miseria o condición descuidada de una persona o un animal en particular, podríamos generar un fuerte sentimiento compasivo deseando que los sufrimientos de ese ser consciente en particular se eliminen.

También es importante tener en cuenta que cuando el objeto de nuestra compasión es alguien que nos gusta, nuestra simpatía está basada en el apego en lugar de en la compasión. En cambio, si al ver los sufrimientos de un animal descuidado, como un perro callejero por el que no sientes apego alguno, generas compasión, eso sería una compasión pura.

La compasión generada por los oyentes y los budas solitarios es de una calidad mucho mayor que la compasión que normalmente generamos, porque, al ver el sufrimiento que impregna toda la existencia cíclica, ellos generan compasión por todos los seres conscientes. En cambio, nosotros, al ser incapaces de ver los sufrimientos de toda la existencia cíclica, sólo vemos los sufrimientos de seres particulares, que vemos como algún tipo de falta o demérito en ellos. Sin embargo, los oyentes y los budas solitarios no tienen una compasión que los induzca a tomar la responsabilidad de liberar a los seres conscientes como sí es el caso de los bodhisatvas.

La compasión generada por los bodhisatvas es del tipo más elevado. No sólo desean que los seres conscientes se aparten del sufrimiento, sino que también asumen voluntariamente la responsabilidad de liberarlos de sus sufrimientos. Esto se llama *la gran compasión*. Es esta compasión la que subyace en la aspiración altruista por la Iluminación y que induce a despertar la actitud especial. Por esta razón, a menudo nos topamos con afirmaciones en las escrituras que dicen que la compasión actúa como raíz de la mente de la Iluminación. Para generar esa compasión, debes identificar el sufrimiento que aflige al ser consciente. También debes considerar a ese ser como agradable y querido en tu corazón.

Generar la mente de la Iluminación

El séptimo verso, junto con las dos primeras líneas del octavo, nos presenta el método para cultivar la mente del despertar.

(7)

Arrastrados por los cuatro ríos torrenciales, encadenados por las estrechas cadenas de las acciones, difíciles de deshacer; atrapados en la jaula de hierro del aferramiento a la existencia inherente, completamente asfixiados por la espesa oscuridad de la ignorancia...

(8a–b)

nacen en la existencia cíclica ilimitada, y en sus renacimientos, son incesantemente atormentados por los tres sufrimientos. Contempla el estado de los seres conscientes, tus madres, en esas condiciones; genera la mente suprema.

Las palabras *seres conscientes, tus madres* aquí nos muestran claramente que los seres conscientes que sufren están relacionados contigo. Han actuado como tu madre en muchas vidas previas y han sido muy amables contigo. Por lo tanto, deberías verlos como personas muy agradables. Entender cómo tus madres sufren provocará en ti el sentimiento de ser incapaz de soportarlo. A través del proceso mental de reconocer que estás íntimamente conectado con los seres conscientes, serás capaz de generar la gran compasión que dará lugar a la mente de la Iluminación, la *bodhichita*.

El verso dice que los seres conscientes son arrastrados por cuatro ríos torrenciales. Estos *cuatro ríos* podrían referirse a las cuatro causas que proyectan a los seres conscientes a nacer en la existencia cíclica, y también podría referirse a sus cuatro resultados. Aquí *cuatro ríos* se refieren a los cuatro sufrimientos no deseados que nos encontramos en la existencia cíclica: el nacimiento, el envejecimiento, la enfermedad y la muerte. En otras palabras, estamos completamente bajo el control de acciones muy fuertes, irreversibles y contaminadas, debido a las cuales experimentamos estos cuatro sufrimientos.

Estas acciones fuertemente contaminadas, además, surgen de potentes engaños como la ira y el apego. Estos, a su vez, surgen de la poderosa concepción del yo como si existiese de modo inherente. Este fenómeno se compara a una red de hierro, debido a la cual estamos atrapados en la existencia cíclica. Una fuerte concepción de ese yo significa que este es estable e indiscutible. Cuanto más fuerte es la concepción del yo, más fuertes serán los engaños como el apego o la ira. Cuanto más fuertes sean los engaños, más fuertes serán las acciones que nos proyectan en la existencia cíclica. Y cuanto más fuertes sean las acciones que nos proyectan en la existencia cíclica, más poderosos serán nuestros sufrimientos.

La mala interpretación del yo surge porque estamos totalmente contaminados por la oscuridad de la ignorancia. En este contexto, el concepto erróneo del yo que nos atrapa en la existencia cíclica se refiere a la idea errónea del yo de las personas, porque la siguiente línea dice que los seres conscientes están completamente confundidos y abrumados por la gran oscuridad de la ignorancia.

Por lo general, a la mala interpretación del yo se le llama ignorancia, pero cuando encontramos que nos explican dos puntos, la mala interpretación del yo y la ignorancia, el primero, la mala comprensión del yo, se refiere a la concepción errónea del yo de las personas, y la ignorancia, en la siguiente línea, se refiere a la idea errónea de que los fenómenos existen de modo inherente, o la concepción errónea de que los fenómenos existen de modo verdadero.

Nuestro error de dotar de existencia verdadera a los fenómenos, en otras palabras, nuestro fuerte aferramiento y atracción por nuestro cuerpo físico, actúa como base para generar un excesivo apego hacia nuestra propia persona. Por lo tanto, la concepción errónea de los fenómenos actúa como base para la mala interpretación de la persona. Cuando observas el *yo* en tu contínuo generas el sentimiento de *yo*, la concepción de un yo verdaderamente existente: esto se denomina *visión de lo compuesto y transitorio.*

Así que la mala interpretación que constituye concebir con existencia inherente los fenómenos da lugar a la visión de lo compuesto y transitorio, lo cual, a su vez, estimula la acumulación de acciones. Y debido a la comprensión errónea que consiste en ver con existencia inherente los fenómenos y las personas, de manera involuntaria nacemos en la existencia cíclica y por un tiempo inconmensurable experimentamos una cadena incesante de sufrimiento, como el nacimiento, el envejecimiento, la enfermedad y demás.

Ahora bien, el cese de los resultados subsiguientes depende del cese de las causas precedentes. Si se han creado causas poderosas, entonces tienes que experimentar sus resultados, no importa lo reticente que estés. Si piensas de este modo, cuanto más te resientas con tus sufrimientos, más aborrecerás sus causas. Estos versos explican dos formas de generar renuncia y la determinación de ser libres a través de pensar en el sufrimiento verdadero: pensar en las desventajas y sufrimientos de la existencia cíclica y reflexionar en los verdaderos orígenes del sufrimiento.

Cuando el verso explica los cuatro niveles de sufrimientos y demás, está explicando el sufrimiento verdadero, y cuando menciona factores como la concepción de la existencia inherente o verdadera, la ignorancia y la acción contaminada, está explicando los verdaderos orígenes del sufrimiento. De esta manera, explica las primeras dos nobles verdades.

Si piensas en este ciclo del sufrimiento y sus orígenes con respecto a otros seres conscientes, te llevará a adiestrarte en la compasión. Pero si piensas en estos sufrimientos y en sus orígenes con respecto a ti mismo, te lleva a generar la determinación de ser libre, la renuncia.

Antes hablábamos de los diferentes niveles de sufrimiento y de cómo generar una actitud altruista que desea beneficiar a todos los seres conscientes. Sobre esto, el texto dice:

(8 c-d)

Viendo el sufrimiento de tus madres que se encuentran en dicha situación, debes generar la mente suprema.

En otras palabras, primero debemos observar los sufrimientos de los seres conscientes y luego generar un fuerte sentimiento de cercanía y afecto por ellos. Cuanto más cerca te sientas de los otros seres conscientes, más fácil será generar el sentimiento de no poder soportar sus sufrimientos. Por lo tanto, deberíamos ver a todos los seres conscientes como nuestros familiares, como nuestra madre.

Con el fin de generar esta actitud mental de concierne hacia otros seres conscientes, primero debemos entender la naturaleza sin principio de la existencia cíclica. Los seres conscientes que han nacido en la existencia cíclica también existen desde el sin principio, por lo tanto, no hay un ser consciente que no haya conectado contigo como tu padre, como tu madre.

Para generar un fuerte sentimiento de afecto y cercanía hacia todos los seres conscientes, primero debes generar un fuerte sentido de ecuanimidad hacia todos los seres conscientes. A partir de este sentimiento, se puede generar una sensación de proximidad hacia todos los seres conscientes y verlos como tus madres. Entonces podrás reflejar bondad hacia estos seres conscientes, que es la misma bondad que la que reflejas hacia tu familia actual que te apoya ahora. Cuando veas todos los seres conscientes como tus propios padres y recuerdes su amabilidad, serás capaz de generar la actitud de quererlos, llevándolos en tu corazón.

Otro método para generar la actitud altruista de la bodhichita, la mente de la Iluminación, es *cambiarse con los demás*. Esto es posible porque todos los demás seres conscientes desean lo mismo que tú: lograr la felicidad y evitar el sufrimiento. También son iguales que tú a la hora de tener la capacidad y la oportunidad de erradicar el sufrimiento y alcanzar la felicidad. Como tú, todos los seres conscientes tienen el derecho a eliminar el sufrimiento y alcanzar la máxima felicidad. Así que todos somos iguales en estas perspectivas, y aunque todos los demás seres conscientes son innumerables, no es el caso de que tú no estés relacionado con ellos porque, en términos mundanos, dependes mucho de ellos. Incluso cuando meditas en el sendero espiritual, lo haces enfocándote en los seres conscientes. Finalmente, la Iluminación última, conocida como el logro espontáneo y sin esfuerzo de los propósitos de los demás, se logra en dependencia de ellos. Así pues, estamos relacionados y dependemos de los seres conscientes cuando estamos en la existencia cíclica, durante el sendero y, finalmente, en el momento del fruto del sendero. En consecuencia, al ver que tienes esta estrecha conexión con todos los demás seres conscientes, es absurdo descuidar su bienestar para perseguir los intereses de un solo ser que eres tú. Además, es prudente descuidar los intereses de uno en beneficio de la mayoría, que son el resto de seres conscientes. Todos los placeres y facilidades que disfrutamos en esta vida, como la riqueza, las posesiones, la fama y la amistad, se obtienen en dependencia de los demás. No podemos creer que podemos disfrutar de algo por nuestros propios esfuerzos, solos, sin su ayuda. En esta era moderna, en especial, todo lo que disfrutamos, comida, ropa y un largo etcétera, es producido por diversos fabricantes o empresas en las que trabajan otras personas. Casi nada se cultiva o produce en tu propio jardín o patio.

Comemos fruta enlatada que es producida por las manos de otros seres humanos. Cuando viajamos en un avión, dependemos del trabajo y las facilidades proporcionadas por las muchas personas que están involucradas en que ese avión pueda volar. En nuestra sociedad moderna nadie puede pensar en sobrevivir sin depender de otros seres humanos. Igualmente, sin otros seres humanos no tendrías reputación ni fama. A pesar de que puedas haber adquirido ciertas cualidades que son la base de tu fama y reputación, si otras personas no saben reconocerlas, sin duda alguna no serás famoso.

Si piensas con cuidado, incluso tu enemigo, a quien normalmente le ves como un oponente y no te gusta en absoluto, te da la oportunidad de generar cualidades como la paciencia, el coraje y la fuerza. Hay una enseñanza de Shantideva, en su capítulo sobre la paciencia, que es ideal presentar aquí y que explica cómo generar paciencia con respecto a tu enemigo y valorar lo que es. Esto es especialmente importante para un practicante budista. Si eres capaz de ver cómo se pueden obtener estas buenas cualidades gracias a tu enemigo, también serás capaz de generar sentimientos bondadosos hacia él.

Si eres capaz de generar una mente positiva hacia tu enemigo, que normalmente es alguien a quien desprecias, no tendrás problemas para generar una sensación de cuidado y preocupación hacia los seres neutros o, por supuesto, hacia tus amigos. Con el fin de generar este tipo de actitud mental, no es necesario que reconozcas a todos los seres conscientes individualmente. Por ejemplo, puedes deducir que todos los árboles tienen ciertas características comunes a partir de las cualidades de un árbol en particular, sin tener que conocer todos y cada uno de los árboles individualmente. Del mismo modo, examinando tu propia situación puedes deducir que todos los seres conscientes tienen en común el deseo de obtener la felicidad y evitar el sufrimiento. Si lo entiendes, despertarás fácilmente la compasión, que es una aspiración que, expresada en palabras, vendría a decir: "Qué maravilloso sería que todos los seres conscientes pudieran eliminar el sufrimiento y sus causas". Si eres capaz de generar una comprensión clara de los sufrimientos de los seres, también serás capaz de generar amor: "Qué maravilloso sería que todos los seres conscientes fuesen felices".

Basándote en estas dos aspiraciones, el amor y la compasión, generarás la actitud especial de asumir la responsabilidad de liberarlos de estos sufrimientos tú mismo, lo cual producirá la mente que desea alcanzar la más alta Iluminación por el bien de todos los seres conscientes. Esta aspiración altruista de alcanzar la Iluminación por el bien de todos los seres conscientes se llama *la mente de la Iluminación* o *bodhichita*. La manera de medir tu grado de generación de la mente de la Iluminación y de la determinación de ser libre se ha explicado anteriormente.

La necesidad de comprender la vacuidad

A partir de este punto, el texto explica la naturaleza de la vacuidad y la sabiduría que la comprende. El primer verso explica la necesidad de generar esta sabiduría comprendiendo la naturaleza de la vacuidad. Hay varios tipos de sabiduría: la sabiduría que comprende los fenómenos convencionales, tal como las diversas ciencias, y la sabiduría que comprende la naturaleza definitiva y real de los fenómenos. Si no posees la sabiduría que comprende el modo definitivo de existencia, no importa cuán fuerte sea tu determinación de ser libre o tu aspiración de alcanzar la Iluminación para beneficio de todos: simplemente no serás capaz de cambiar tu concepción de la existencia verdadera o inherente, la causa raíz de la existencia cíclica. Por lo tanto, debes hacer un esfuerzo para comprender la relación dependiente, el surgimiento dependiente.

(9)

Sin la sabiduría que comprende la naturaleza última de la existencia,
aunque te familiarices con la determinación de ser libre y con la mente de la Iluminación,
no podrás cortar la raíz de la existencia cíclica;
por lo tanto, esfuérzate en los medios para comprender el surgimiento dependiente.

Las explicaciones comunes del significado del surgimiento dependiente, tales como el surgimiento dependiente de la causa y el efecto, son aceptadas por todas las tradiciones budistas. Pero este verso se refiere al surgimiento dependiente sutil, algo que surge en la existencia en dependencia de sus partes. En otras palabras, hay relaciones condicionadas en que los efectos particulares o fenómenos surgen meramente en dependencia de una determinada causa y condición.

Otro significado del surgimiento dependiente es la existencia de cosas en relación con otras. Por ejemplo, cuando hablamos de una parte de la totalidad de un cuerpo, lo denominamos *parte* en relación con el todo; del mismo modo, el todo es sólo un todo en relación con sus partes. Desde este punto de vista, la parte y el todo están relacionados y dependen el uno del otro. Del mismo modo, cualidades como *largo* o *corto* tienen un sentido relativo porque usamos estos términos para describir objetos con respecto a otros.

En otro nivel, los fenómenos también se denominan *dependientes* porque surgen dependiendo de su base de designación y de la mente que los designa.

El primer significado del surgimiento dependiente sólo se aplica a los fenómenos condicionados, mientras que los dos últimos significados se aplican tanto a los fenómenos condicionados e impermanentes como a los no condicionados y permanentes.

El surgimiento dependiente al que se hace referencia en esta línea es el más sutil: el que se explica en términos de existencia simplemente gracias al nombre y la designación que hace el pensamiento. En otras palabras, cuando decimos que los fenómenos existen gracias al poder de términos y designaciones, en dependencia de designaciones, estamos explicando el surgimiento dependiente tal como aparece, como mera existencia debido al poder del nombre. Desde el punto de vista definitivo, eso es el mero vacío de existencia inherente. Esto significa que, dado que un fenómeno no puede existir de su propio lado, carece de existencia inherente y depende de otras condiciones. Aquí *otras condiciones* se refieren a la designación y al pensamiento que designa. Los fenómenos existen meramente por el poder de esa designación, y como tales están vacíos de tener una existencia autosuficiente. Por el contrario, puesto que están vacíos de existencia autosuficiente, existen gracias al poder de la designación.

Así pues, estas son explicaciones de la vacuidad sutil. Cuando hablamos del significado de la vacuidad, estamos hablando acerca de algo que está vacío de su objeto de negación. Los fenómenos están vacíos de *existencia independiente*, *existencia inherente* y *existencia de su propio lado*. Estos tres —existencia independiente, existencia inherente y existencia de su propio lado— son los objetos de negación.

Por lo tanto, la vacuidad significa que cualquier fenómeno este vacío de estos objetos de negación. Esto se dice porque los fenómenos son dependientes de otras cosas, dependen del nombre y el pensamiento, por medio de los que son designados.

Cuando explicamos que los fenómenos dependen de sus partes, nombre y designación, estamos afirmando que no tienen existencia inherente, porque la dependencia y la independencia son términos opuestos. Los fenómenos son o bien dependientes o bien independientes, no pueden ser ambos. Dado que estos términos son mutuamente excluyentes, un fenómeno sólo puede ser uno u otro, y no otra cosa. Por otro lado, *ser humano* y *caballo* son opuestos, pero no directamente opuestos, porque puede haber una tercera categoría, como *perro*, que no es ni caballo ni ser humano. Pero *ser humano* y *no ser humano* son directamente opuestos, y si decimos que hay solo dos categorías de fenómenos, ya sea *ser humano* o *no ser humano*, no puede haber una tercera categoría. Así que, por medio del razonamiento del surgimiento dependiente, se puede establecer la ausencia de existencia inherente.

Cuando usamos el término *vacuidad*, tiene cierta similitud con nuestra idea habitual de la ausencia de algo o *vacío*. Pero si piensas que el vacío es la mera ausencia de algo, entonces tu entendimiento es incompleto. Debemos entender la vacuidad como ausencia de existencia inherente. Debido a que carecen de existencia inherente, los fenómenos no tienen una existencia independiente. Sin embargo, existen. Esta comprensión de la vacuidad puede obtenerse entendiendo el significado del surgimiento dependiente porque significa que los fenómenos dependen de otra cosa. No existen independientemente, ni existen por su propio lado. Si los fenómenos existen en dependencia de otra cosa, esto claramente demuestra que existen.

A veces el vacío se explica como el significado del camino medio, lo cual significa el centro que ha eliminado los dos extremos. Un extremo es pensar que si los fenómenos no existen inherentemente, no existen en absoluto —este es el extremo del nihilismo—. El otro extremo es pensar que si los fenómenos existen, deben existir inherentemente —este es el extremo del eternalismo—.

Si tenemos una buena comprensión de la vacuidad, por un lado, entenderemos que, ya que los fenómenos existen en dependencia del pensamiento y el nombre, tienen una existencia nominal, es decir, existen. Esto evita el extremo del nihilismo. Por otro lado, cuando piensas en cómo existen los fenómenos en dependencia del pensamiento y el nombre, está claro que no tienen una existencia independiente. Esto evita el extremo del eternalismo. Si fuera algo que no existiese en absoluto, entonces decir que depende de otra cosa sería un sinsentido.

El siguiente verso aclara y apunta a la necesidad de generar la sabiduría que comprende el vacío.

(10)

Aquel que ve la infalible causa y efecto de todos los fenómenos de la existencia cíclica y más allá,

y destruye todas las percepciones (de existencia inherente)
ha entrado en el sendero que complace al Buda.

Esto significa que si eres capaz de determinar y establecer claramente la infalibilidad del surgimiento dependiente, y si, sin dañar esta comprensión del surgimiento dependiente, eres capaz de destruir la percepción de que las cosas existen inherentemente, entonces has entrado en el sendero que agrada al Buda.

Las dos primeras líneas introducen la afirmación de que si entiendes la infalibilidad de la causa y el efecto dentro y fuera de la existencia cíclica, y puedes establecer la existencia y la función de la causa y el efecto, en lugar de su inexistencia, entonces podrás eliminar el extremo del nihilismo.

Las dos líneas siguientes dan a entender que, mediante la comprensión de la función de la causa y el efecto, entenderás que aunque las cosas existen, *no existen* de forma independiente o inherentemente, y por lo tanto podrás destruir la concepción de que las cosas existen inherentemente.

Así que estas líneas explican que, aunque causa y efecto funcione, no lo hace de forma inherente. De hecho, la existencia inherente o esencial es el objeto de negación y es destruido por una percepción verdadera. Esto elimina el extremo de la permanencia. En general, toda la enseñanza budista puede resumirse en cuatro declaraciones:

1. Todos los fenómenos son impermanentes
2. Todas las cosas contaminadas son sufrimiento
3. Todos los fenómenos son vacíos y carecen de existencia

esencial

4. Nirvana es paz

De estas cuatro afirmaciones, está claro que la mayoría de las escuelas del budismo –con la excepción de ciertas subescuelas como los vatsiputriyas– aceptan la explicación budista de la ausencia de existencia esencial o inherente.

La ausencia de existencia esencial que aceptan las cuatro escuelas es la falta de una persona autosuficiente o que se autosostiene —significa que no hay persona que sea completamente independiente de los agregados mentales y físicos—. Si consideras los agregados mentales y físicos como el sujeto que hay que controlar, y la persona como el controlador de ellos, y si consideras este controlador, la persona, el yo, como algo completamente independiente de estos agregados, entonces tienes la visión falsa de la existencia de una persona autosuficiente y sustancial.

Las cuatro escuelas de principios budistas coinciden en que no existe una persona que sea independiente de sus agregados físicos y mentales. Este razonamiento debilita nuestra fuerte ansia de que la persona, el disfrutador de la felicidad y el sufrimiento, sea algo sólido, pero parece que no es muy eficaz a la hora de debilitar el apego, la ira y todo lo que se genera observando otros objetos de gozo. En general, el apego, el odio, etcétera, que se generan en relación con nosotros mismos son más fuertes, así que pensamos en *mi* objeto de disfrute, *mi* pariente, o *mi* rosario.

Si el objeto de disfrute no te pertenece, entonces puede ser que no tengas un sentido muy fuerte de una persona o yo que se autosostiene, independiente; pero si posees algo, entonces ese sentimiento es más fuerte. Esto está claro si comparas las dos actitudes antes y después de comprar algo, digamos, por ejemplo, un reloj. Primero lo compras. Luego empiezas a pensar: "Este es mi reloj", y "Estas son mis ropas". Y así sucesivamente. Debido a esa sensación de *mío*, la sensación de poseer una cosa, generas una sensación muy fuerte de la persona a la que le pertenece. Dicha persona o *yo* se conoce como *persona sustancial y autosuficiente.* Si hablas de la inexistencia de una persona sustancial y autosuficiente a las personas que tienen un fuerte sentido de la existencia de dicho yo, les ayudará a reducir el apego a sus posesiones.

Además de esta explicación de la ausencia de existencia inherente de las personas, cuando estudiamos las enseñanzas más elevadas —la *solo mente* y el *camino medio*— encontramos explicaciones más sutiles de la ausencia de existencia esencial no solo de las personas, sino también de los fenómenos. Con respecto a la explicación de la solo mente, cuando nos relacionamos con diferentes objetos de gozo, como la forma y el sonido, aparecen debido al despertar de impresiones kármicas en nuestra consciencia. Así que, de acuerdo con la explicación de la solo mente, se nos aparecen diversos fenómenos y los experimentamos y disfrutamos simplemente debido al despertar de las impresiones kármicas previamente dejadas en la mente. En otras palabras, todos los fenómenos son de la naturaleza de la mente y no tienen ninguna existencia externa.

Esta es una explicación sobre la vacuidad y es un medio para reducir el apego hacia objetos que nos hacen disfrutar. Pero la explicación de la escuela del camino medio es que ningún fenómeno, ya sea la persona –el que disfruta– o el objeto de gozo, existe inherentemente por su propio lado, ya que son simplemente designados por el pensamiento. El pensamiento designa el nombre y entonces surge el fenómeno. Los fenómenos no tienen una existencia por su propio lado, aparte de ser designados por los términos y pensamientos de la mente. Según esta explicación, todos los fenómenos tienen su propio carácter y su propia naturaleza, pero todas estas características de los fenómenos específicos existen dependiendo de otra cosa, no tienen un modo específico de existencia por su propio lado.

Dentro de la escuela del camino medio hay dos interpretaciones de la vacuidad. Según la escuela autonómica o autonomista del camino medio, todos los fenómenos existen, pero su existencia viene como producto de dos condiciones. Por un lado, una mente válida debe designar con el nombre y el término ese fenómeno en particular y, al mismo tiempo, el fenómeno también debería existir por su propio lado. Cuando se cumplen estas dos condiciones, el fenómeno llega a existir. Sin embargo, aparte de ser designados por la mente, no hay fenómenos que aparezcan por su propio lado.

La explicación más sutil se encuentra en la escuela consecuencialista del camino medio, que dice que aunque hay cosas como la forma, el sonido, la montaña, la casa y cosas que podemos señalar con nuestro dedo índice, no existen del modo en que normalmente los percibimos. Normalmente los fenómenos aparecen en nuestra consciencia como si existiesen por su propio lado, pero los consecuencialistas dicen que los fenómenos no existen por su propio lado en absoluto. Tienen sólo una existencia nominal y convencional. Por lo tanto, si los fenómenos existen en la forma en que se nos aparecen, cuando tratamos de encontrar, examinar y analizar el objeto de designación, deberia volverse más y más claro. Pero esto no es así. Cuando tratamos de examinar y analizar la naturaleza de los fenómenos que hemos percibido, no somos capaces de encontrarlos: en lugar de eso, desaparecen. Esto demuestra que los fenómenos no tienen ninguna existencia inherente o esencial y no existen por su propio lado.

Según la escuela autonómica, la medida con la que demostrar que las cosas existen es la existencia por su propio lado, inherente. Pero los consecuencialistas dicen que las cosas no existen de esa manera en absoluto porque son simplemente designadas por la mente. Para ellos, la existencia de un fenómeno por su propio lado es el objeto de negación y la falta de dicha existencia inherente, por su propio lado, es el significado de la vacuidad.

Si eres capaz de percibir la naturaleza real de los fenómenos al comprender que no existen inherentemente, sino únicamente en dependencia de causas y condiciones, tales como la designación por medio del nombre y el pensamiento, entonces habrás entrado en el sendero que agrada al Buda.

Normalmente, cuando un objeto, forma o sonido nos aparece, parece como si tuviera una existencia independiente o sólida y no dependiese de otras causas, condiciones, nombres, pensamientos, etc. Pero ese no es su verdadero modo de existencia. En consecuencia, si entiendes que los fenómenos existen dependiendo de estas cosas, y eliminas por lo tanto el pensamiento de que existen independientemente, entonces has comprendido el sendero correcto.

Por otro lado, podrías pensar en cómo todos los fenómenos aparecen y en la infalibilidad de su surgimiento dependiente, pero ser incapaz de generar la comprensión de que están vacíos, de que carecen de existencia inherente. O cuando piensas en la vacuidad de los fenómenos o en su falta de existencia inherente, es posible que no puedas aceptar la infalibilidad de su surgimiento dependiente. Mientras tengas que alternar estos dos entendimientos y no puedas ver que los dos son simultáneos, todavía no habrás comprendido el pensamiento del Buda. Como dice el siguiente verso:

(11)

Las apariencias son surgimientos dependientes infalibles; la vacuidad está libre de afirmaciones.
Mientras estas dos comprensiones te parezcan dispares, aún no has comprendido la intención real del Buda.

Aunque los fenómenos no tienen existencia inherente, tienen

una existencia nominal. Cuando vemos el reflejo de nuestra propia cara en el espejo, el reflejo no es la cara. En otras palabras, el reflejo está vacío de ser una cara real. A pesar de que el reflejo de la cara no es la cara, surge el reflejo de ella. El reflejo está completamente vacío de ser la cara real y sin embargo está ahí. Ha sido producido por causas y condiciones y se desintegrará debido a causas y condiciones. Del mismo modo, los fenómenos tienen una existencia nominal, aunque no tengan una existencia independiente de causas y condiciones.

Si examinas de esta manera cualquier otro fenómeno cuidadosamente, verás que aunque todos los fenómenos parecen existir inherentemente, no existen por su propio lado o como se nos aparecen. Sin embargo, tienen una existencia nominal que produce resultados, que es funcional, y cuyas actividades son infalibles.

(12)

En el momento en que estas dos comprensiones son simultáneas y
no tienen que alternarse,
al ver el surgimiento dependiente infalible viene la comprensión
que destruye por completo
todo tipo de aferramiento;
en ese momento, el análisis de la visión profunda se habrá
completado.

Si familiarizas tu mente con este pensamiento, llegará un momento en el que no tendrás que alternar las dos comprensiones: la comprensión del significado del surgimiento dependiente y la de la vacuidad de la existencia inherente. En este punto, sin depender de ninguna otra razón, comprenderás el significado del vacío de la existencia inherente mediante la mera comprensión del significado del surgimiento dependiente. Solo viendo que el surgimiento dependiente es infalible, serás capaz de destruir por completo el concepto erróneo de la existencia verdadera o esencial de los fenómenos sin depender de otras condiciones.

Cuando seas capaz de generar la comprensión de que el surgimiento dependiente o la vacuidad de existencia inherente significan lo mismo, habrás obtenido una comprensión completa de la visión de la naturaleza real de los fenómenos.

Ahora completamos el texto restante de *Los tres aspectos principales del sendero*. Cuando pensamos en la ausencia de existencia inherente de un fenómeno, deberíamos empezar nuestra investigación con nuestra propia persona y tratar de ver si este *yo* o persona tiene existencia inherente o no. Averigua quién es la persona y sepárala del agregado físico y de la consciencia preguntándote: "¿Es mi cerebro el yo?

¿Es mi mano el yo?", o: "¿Son las otras partes del cuerpo el yo?". Cuando se analiza así, el *yo* no se encuentra. No puedes identificar el *yo* con ninguno de estos factores: ni con el cuerpo físico, ni con partes de él, ni con la consciencia y sus distintos niveles.

Si piensas en el cuerpo físico y tratas de averiguar qué es, si es la mano u otra cosa, no lo encontrarás. Del mismo modo, si analizas una determinada mesa para averiguar qué es, si es su color o su forma o la madera con la que se hace, no serás capaz de señalar ninguna de las cualidades en particular de la mesa como *la mesa*.

Cuando no eres capaz de encontrar algo a través de este modo de análisis, no significa que no exista. Eso contradice la razón y la propia experiencia. El no encontrar los fenómenos bajo un ajustado escrutinio solo indica que no tienen ninguna existencia objetiva por su propio lado y que solo existen como algo establecido o designado por la mente. No hay otra forma de establecerlos. Ya que no tienen ninguna existencia objetiva independiente del pensamiento, su existencia depende del poder del objeto y la designación. Por lo tanto los fenómenos tienen una existencia convencional o nominal.

Cuando no analizas, experimentas o estudias de esa manera en particular y los fenómenos aparecen de manera habitual, parecen existir independientemente, por su propio lado. No aparecen ante ti sólo teniendo una existencia nominal o convencional. Pero ya que tienes algo de comprensión por medio del análisis y del estudio, cuando las cosas aparezcan habitualmente ante ti como si existieran de manera independiente, podrás pensar: "Aunque los fenómenos no tengan una existencia inherente, para mi mente impura parecen existir de forma independiente e inherente." En otras palabras, si como resultado de tu estudio, comparas el modo normal de aparición de los fenómenos con la forma en que las cosas aparecen basándote en esa investigación, entenderás el modo erróneo en que los fenómenos aparecen cuando no los analizas, y entonces serás capaz de identificar el objeto de negación, la existencia inherente.

Por lo tanto, cuando te encuentres en una sesión de meditación, es importante determinar a través del razonamiento que las cosas existen meramente por designación y que carecen de existencia propia. Sin embargo, tan pronto salgas de la meditación, las cosas aparecerán de la manera ordinaria. Pero, en este punto, debido a la comprensión que generaste durante la sesión de meditación, aunque los fenómenos aparezcan como si existieran inherentemente o de forma independiente, sabrás que, aunque aparezcan de este modo, no es así como existen.

Es por eso por lo que el siguiente verso dice:

(13)

Asímismo, cuando las apariencias eliminan el extremo de la existencia
y el vacío elimina el extremo de la inexistencia

y se descubre que la naturaleza del surgimiento de la causa y el efecto es gracias a la vacuidad,
nunca serás cautivado por la visión que se aferra a los extremos.

Esto significa que si eres capaz de entender que todos los fenómenos existen convencionalmente, también serás capaz de eliminar el extremo de la permanencia, y entendiendo que las cosas no tienen una existencia inherente, entonces serás capaz de eliminar el extremo del nihilismo total o la aniquilación. En otras palabras, serás capaz de entender la naturaleza de los fenómenos, que existen convencional y nominalmente, pero que están vacíos de existencia inherente. Porque es debido a que no existen inherentemente el que las cosas aparezcan como causas y efectos. Si eres capaz de generar una comprensión de dicho modo de existencia, entonces no serás cautivado por la visión errónea de los dos extremos —permanencia, o eternalismo, y nihilismo—. Finalmente, el verso final dice:

(14)

Por lo tanto, cuando hayas comprendido los puntos esenciales de los tres aspectos principales del sendero, busca la soledad, genera el poder del esfuerzo y, rápidamente, actualiza tu propósito final, hijo mío.

El consejo final es que no basta con tener una mera comprensión de las escrituras budistas. Habiendo entendido el significado de los tres aspectos principales del sendero, es tu responsabilidad retirarte a un lugar aislado y ponerlos en práctica sinceramente. Habiendo entendido el significado de la práctica, debes involucrarte con claridad. El objetivo y

el propósito del estudio es el logro de la Omnisciencia, pero sólo puede obtenerse a través de la práctica. Así que Lama Tsongkhapa nos aconseja que practiquemos bien.

Por lo tanto, como se explicó anteriormente, afianza primero algunos conceptos sobre la visión de que los fenómenos carecen de existencia inherente. Entonces, repetidamente haz que tu mente se familiarice con esa comprensión para que a través de dicha familiaridad la experiencia se vuelva más clara, profunda y estable.

Por otra parte, como nuestra mente en la actualidad está fuertemente influenciada por la distracción y la excitación, es muy difícil que permanezca tranquila sobre un objeto, incluso durante un corto período de tiempo. Bajo tales condiciones, incluso si has comprendido la visión última, es difícil hacer que se manifieste.

Con el fin de tener una percepción directa de la vacuidad, es importante desarrollar una mente de permanencia apacible a través de la meditación. Hay dos técnicas para hacerlo: una concuerda con la explicación que encuentras en los sutras, y la otra, que se encuentra en los tantras, depende del yoga de la deidad. Este último método es el más profundo. En el tantra, también, hay dos niveles, según el yoga de la deidad que se encuentra en los tipos de tantra más iniciales y en el más elevado.

En el tantra yoga más elevado hay un modo especial de practicar el yoga de la deidad y lograr una mente de permanencia apacible empleando el aire y la mente sutiles. Cuando se desarrolla permanencia apacible a través de ese proceso, se logra lo que se conoce como la unión de la permanencia apacible y la visión especial de la vacuidad.

Si explicamos esta unión de la visión especial y la permanencia apacible únicamente según la naturaleza de la estabilidad meditativa, no hay certeza de que se convierta en causa para la Iluminación. Sin duda, el logro de la visión especial es una práctica budista, pero es menos cierto que la mera unión de la permanencia apacible y la visión especial se conviertan en causa para la Iluminación. Que se convierta en causa de Liberación o de Omnisciencia depende de la motivación. Por lo tanto, necesitamos la determinación de ser libres de la existencia cíclica como fundamento, y luego, sobre la base de la preocupación por todos los seres conscientes, una aspiración altruista para llegar a la Iluminación. Si luego practicas el yoga de la unión de la visión especial y la permanencia apacible, se convertirá en una fuerza activa para alcanzar la Iluminación.

Para que dicha práctica sea fructífera, es importante que primero recibas las enseñanzas tántricas. Para recibir las enseñanzas tántricas y madurar tu continuo mental, primero debes recibir la iniciación para fertilizar tu mente. Por lo tanto, es importante practicar una combinación de método y sabiduría. Cuando nos involucremos en la aspiración altruista de alcanzar la Iluminación por el bien de todos seres conscientes, influirá en la comprensión de la naturaleza real de los fenómenos y la apoyará, y a su vez, nuestra comprensión de la vacuidad, la naturaleza real de los fenómenos, también influirá en nuestra aspiración para obtener la Iluminación y le servirá de soporte. Este modo de práctica se conoce como la unión del método y la sabiduría.

Cuando sigues el sendero tántrico, primero generas la mente que desea alcanzar la Iluminación para beneficio de todos los seres conscientes, y luego, influenciado por esta aspiración altruista, generas la sabiduría que comprende la vacuidad, la naturaleza real de los fenómenos, y sobre la base de esta comprensión, generas la deidad. En otras palabras, la sabiduría que aprehende el vacío en sí es lo que se genera bajo la forma de una deidad. Si te centras en la naturaleza de la deidad, tendrás la experiencia de que incluso la deidad no existe por su propia naturaleza. Luego visualizas la deidad como el cuerpo de la verdad que lograrás en última instancia cuando alcances la Iluminación.

Así que la técnica para meditar en ambos, método y sabiduría, es muy importante e incluye la meditación en el extenso mandala de la deidad, así como en su profunda vacuidad. La unidad del método y de la sabiduría está incluida en esta práctica tántrica porque, por un lado, piensas en la naturaleza de la deidad misma, que es visualizar la naturaleza real de los fenómenos, y por el otro, piensas en la deidad misma como en el cuerpo de la verdad que lograrás cuando te ilumines, que sería pensar en el objeto de tu logro. Así que esto también es una meditación sobre la aspiración de lograr la Illuminación.

A través del proceso del yoga de la deidad, practicas el método y la sabiduría al mismo tiempo. Esto es lo que hace que el sendero sea tan rápido y exitoso. Cuando sigues el yoga tantra más elevado, especialmente, hay técnicas para manifestar el aire más sutil y la consciencia más sutil. A través de técnicas especiales serás capaz de detener niveles de aire y consciencia más burdos y hacer que sus niveles más sutiles se manifiesten.

Ya sigas el sendero del sutra o del tantra, si deseas practicar de esta manera, primero debes establecer un fundamento sólido en la práctica de la ética o la disciplina. Hay muchos niveles de disciplina por observar, partiendo de la disciplina de la emancipación individual, que es como la base de todos los niveles más altos de disciplina. A veces se la conoce como la disciplina de los oyentes, y es sobre esta base sobre la que generas la disciplina del bodhisatva, sobre la base de la cual, a su vez, generas la disciplina del mantra.

Parte 4 Preguntas y respuestas

¿Aclararía Su Santidad si la determinación de lograr la Liberación no está vinculada en absoluto con la concepción de la existencia verdadera o la concepción de los fenómenos como inherentemente existentes?

Por lo general, cuando hablamos de generar el intenso deseo de estar libre de la existencia cíclica, la mente que desea alcanzar la Liberación, con respecto a alguien que ha entendido a través del estudio que existe la Liberación, que es algo que se puede lograr, y que, además, esta persona tiene un profundo entendimiento basado en la razón, entonces podemos decir que su deseo de lograr la Liberación no está teñido de la concepción de la existencia verdadera o creencia de que los fenómenos existen de modo inherente. Esto se debe a que una persona, en general, puede tener un conocimiento válido de la Liberación sólo después de comprender el vacío. Si has comprendido el significado del vacío, entonces, aunque no hayas desarraigado la concepción de la existencia verdadera o esencial por completo, tanto la Liberación que tiene que establecerse como el sendero que la establece no están contaminados por la concepción de la existencia verdadera o concepción de que los fenómenos tienen una existencia inherente.

Sin embargo, en el caso de los seres ordinarios como nosotros, que no tienen una comprensión correcta o auténtica del modo de existencia de la Liberación, sino que simplemente es un deseo que alcanzar, aunque ese deseo es, sin duda, auténtico, al no entender correctamente la naturaleza real

de los fenómenos, podríamos considerar la Liberación como verdadera o inherentemente existente. En otros palabras, no tener una buena comprensión de la ausencia de existencia inherente de los fenómenos ayuda a que el deseo de lograr la Liberación esté contaminado por la concepción de la existencia verdadera o inherente.

En un verso de un Sutra, el Buda dice que si al ver la imagen ilusoria de una hermosa mujer sientes deseo hacia ella, es absurdo lamentarlo más tarde cuando te das cuenta de que ella era solo una ilusión, porque ya desde el principio no había ninguna mujer allí. Del mismo modo, si piensas en la Liberación como en un fenómeno que existe de modo inherente, esencial o verdadero a pesar de que no existe de ese modo, entonces es correcto afirmar que tu aspiración hacia la Liberación no es auténtica.

¿Podemos usar una expresión como "El gozo de la Liberación"?

Sí, por supuesto, porque cuando alcanzamos la Liberación significa solo que los engaños cesan totalmente; uno sigue siendo una persona con un cuerpo físico. Hay una sensación de placer y felicidad de haber alcanzado la Liberación, aunque no hay ansia alguna hacia ese sentimiento dichoso. Por ejemplo, si hablamos en términos tántricos, entonces, un individuo superior que ha eliminado la concepción de la existencia verdadera tiene la sabiduría del gran gozo en su flujo mental, y ese gozo es un gozo autentico. Creo que también es apropiado hablar del gozo de un individuo que está en la etapa de no más adiestramiento. Así que podemos decir que incluso el Buda tiene un sentimiento de placer, y por lo tanto podemos hablar del gozo de la Liberación.

Pero si estás haciendo esta pregunta desde el punto de vista de si la Liberación en sí es gozo, entonces la respuesta es no, ya que la Liberación en sí es un fenómeno impersonal.

En realidad, la Liberación, o Cese, es una cualidad, un cese completo de los engaños de la persona en particular que ha alcanzado y actualizado la Liberación. Con referencia a esa persona y cuando alcanza la Liberación, es la misma persona que experimenta gozo. Por lo tanto, si preguntas si la persona experimenta el gozo de la Liberación, la respuesta es sí; pero si preguntas si la Liberación en sí es gozo, entonces la respuesta es negativa.

¿Cómo se relaciona la meditación con deshacerse del sufrimiento de los seres conscientes?

Cuando un bodhisatva se implica en el adiestramiento antes de la Iluminación, no sólo medita en cualidades como la compasión y el altruismo, sino que también se dedica a poner las seis perfecciones en práctica. De las seis perfecciones, la generosidad y la disciplina ética están directamente relacionadas con el beneficio de los seres conscientes. Del mismo modo, un bodhisatva también se involucra en los cuatro medios de reunir discípulos, como dar cosas que los seres conscientes necesitan, hablar agradablemente y demás. La generación de la compasión y el amor en la meditación despierta la intención, y la práctica de la generosidad, observar la disciplina ética y así sucesivamente son la expresión de esa intención en acción. Por lo tanto, la aplicación práctica y la meditación trabajan juntas codo a codo. También encontrarás la mención del estado de equilibrio meditativo y el logro subsiguiente. Durante el equilibrio meditativo te implicas en la meditación, y durante el estado postmeditativo sales de ella y participas en la acumulación de méritos. Esto significa, en la práctica, implicarse en actividades que beneficien directamente a los seres conscientes.

¿Cómo está relacionada la aspiración de uno hacia la Liberación

con la experiencia del sufrimiento?

Con el fin de generar el deseo de lograr la Liberación, primero debes ser capaz de ver las desventajas de la existencia cíclica. Pero al mismo tiempo, si no tienes una comprensión sobre la posibilidad de alcanzar la Liberación, entonces simplemente ver los fallos y los sufrimientos de la existencia cíclica no es suficiente.

Hay muchos casos en los que la gente se enfrenta al sufrimiento, pero no son conscientes de la posibilidad de lograr la Liberación. Al no encontrar una solución a sus problemas, por su frustración se suicidan o se dañan a sí mismos de distintas maneras.

Cuando los oyentes y los budas solitarios han destruido los engaños por completo y se convierten en destructores de enemigos, ¿poseen una consciencia, o una mente, neutra?

Sí, tienen una consciencia neutra. Después de haber alcanzado el estatus de *destructor del enemigo*, los oyentes y budas solitarios no sólo tienen una consciencia neutra, sino que también emplean otras cualidades, como el hablar duramente refiriéndose a los demás como personas inferiores, etc. Aunque este tipo de acciones no son provocadas por engaños como la ira y el apego, surgen como resultado de estar muy familiarizados con las cualidades negativas en el pasado, que ahora se expresan física, verbal y mentalmente por sí solas de mala manera.

Las personas que no han comprendido experiencialmente la vacuidad ven todos los fenómenos como inherentemente existentes, y, debido a eso, generan enfado, apego y así sucesivamente. Pero ¿por qué las personas que sí han comprendido la vacuidad generan ira y apego, si la comprensión del vacío es un antídoto directo a la experiencia conceptual de la existencia verdadera?

Para delimitar estas dos experiencias: aquellos que han comprendido experiencialmente el vacío no tienen la concepción de la existencia verdadera o inherente, que considera las cosas como inherentemente existentes. Aunque las cosas *aparecen* ante ellos como si existieran de modo inherente o esencial, *no tienen* la concepción de dicho tipo de existencia. Las cosas parece que existen inherentemente incluso para aquellos que han alcanzado mayores logros y se han convertido en destructores de enemigos. Sin embargo, no hay certeza de que aquellas personas para las que las cosas parecen existir inherentemente deban tener apego y enojo. La ira y otros engaños no se generan simplemente porque las cosas parezcan existir realmente, sino cuando también hay una determinación de que las cosas tienen dicha existencia verdadera.

No es posible eliminar los engaños y aflicciones por completo solo comprendiendo experiencialmente el vacío, la ausencia de existencia inherente: tienes que comprender la vacuidad o la ausencia de existencia inherente, esencial, verdadera, y también familiarizarte con ella. Cuando entiendes la vacuidad y la puedes ver directamente, alcanzas lo que llamamos *el sendero de la visión*. Y cuando alcances el sendero de la visión, puedes suprimir temporalmente todas las manifestaciones superficiales de engaños. Aún así, sólo habrás suprimido las manifestaciones de estos engaños, no habrás eliminado sus semillas. Los engaños innatos seguirán presentes.

Incluso después de haber obtenido una comprensión o experiencia directa de la vacuidad, hay senderos más elevados, como el sendero de la visión y el sendero de la meditación. Los engaños adquiridos intelectualmente son aquellos que se eliminan en el sendero de la visión, y por consiguiente se eliminan cuando uno ve el vacío directamente. Estos engaños aparecen como resultado de estudiar ideas filosóficas equivocadas. En otras palabras, los engaños adquiridos intelectualmente son producto de puntos de vista erróneos. Cuando ves el vacío o la realidad última directamente, estos engaños —productos de visiones erróneas —quedan eliminados de modo natural, automáticamente. Por lo tanto, tienes que comprender por completo la verdadera naturaleza de los fenómenos. Luego, gradualmente, cuando logres el sendero de la meditación, podrás eliminar la raíz misma de los engaños.

Ahora bien, ¿cómo puede ser responsable de que se generen engaños como el enfado o el apego esta concepción de la existencia verdadera, o concepción de que las cosas existen inherentemente? En principio, no se da necesariamente el caso de que se generen engaños como la ira o el apego cada vez que exista una concepción de la existencia verdadera, porque en ciertas ocasiones solo se tiene la concepción de la existencia verdadera. Pero dondequiera que haya apego o enojo, se deduce que se debe a una concepción de la existencia verdadera, inherente, de los fenómenos. Al generar apego, no solo ves el objeto como interesante o atractivo, sino que lo ves como algo *totalmente* atractivo, *totalmente* interesante y que existe de manera inherente, por su propio lado. Debido a ese tipo de mala interpretación de los fenómenos, generas un fuerte apego.

Del mismo modo, cuando ves algo que no es interesante o es poco atractivo, lo ves como algo totalmente falto de interés o totalmente carente de atractivo. Esto se debe a que tienes la concepción de la existencia verdadera de los fenómenos. La causa principal de los diferentes engaños, como el apego y la ira, es el concepto del *yo* y lo *mío*. Primero generas apego hacia el *yo*, y por eso empiezas a generar todo tipo de engaños. Por lo general, no piensas en lo que este *yo* es, pero cuando surge automáticamente, tienes un fuerte sentido de un *yo* que no es sólo el nominalmente existente, sino un *yo* sólido y que existe inherentemente, por su propio lado.

Reconocer la existencia de un *yo* convencional está bien, pero cuando lo exageras otorgándole una existencia independiente, está mal. Esto último es lo que se denomina *la visión errónea de lo compuesto y transitorio*. Debido a que tienes el concepto de la existencia esencial o verdadera del *yo*, generas otros engaños, como el concepto de lo *mío*, pensando "Esto o aquello es *mío*." Cuando tienes esta concepción de las cosas como *mías*, lo divides todo en dos clases: las cosas que te gustan, que tú las ves como *mías*, como interesantes, como *mis amigos*, y así sucesivamente, y en dependencia de ello generas una gran cantidad de apego, y las cosas que no te pertenecen o que te han perjudicado o que probablemente te perjudiquen, que las clasificas en una categoría diferente y las negliges. Debido a tu concepción del *yo* y a la sensación de que eres de alguna manera superior o alguien muy importante, te enorgulleces. Debido a este orgullo, cuando no sabes algo generas una duda engañosa, y cuando encuentras un desafío en aquellas personas que tienen cualidades o riquezas similares a las tuyas, generas los engaños de los celos y la competitividad hacia ellos.

¿Cuál és el significado de una acción definitiva y una acción no definitiva?

Una acción definitiva se produce cuando todas las partes requeridas se han completado. Por ejemplo, llevar a cabo los preparativos para hacer una acción en particular, hacerla y finalmente pensar que has hecho lo correcto. Si has cometido una acción a través de un proceso de este tipo el resultado será definitivo, por lo que se llama una *acción definitiva.*

Por otro lado, si no has generado la intención de cometer una acción en particular, entonces, incluso si has hecho algo, el resultado no será definitivo, por lo que se denomina acción no definitiva.

En general, hay muchos tipos de acciones explicadas en *Compendio del Abhidharma* (*Abhidharmasamuccaya*), de Asanga: acciones que son cometidas y no acumuladas, acciones que se acumulan y no se cometen y acciones que son cometidas y acumuladas. Las acciones que son acumuladas y no cometidas, son acciones definitivas. Acciones que se cometen y no se acumulan son no definitivas porque, por ejemplo, no hay motivación.

Ahora, para explicar este punto más claramente, pongamos como ejemplo el hecho de matar a un animal. En términos generales, matar conduce a un mal renacimiento. Pero si matas a un animal en particular sin pretender matarlo, como, por ejemplo, si sin saberlo pisas a un insecto y lo matas, pero luego te das cuenta de lo que has hecho y generas un fuerte sentimiento de arrepentimiento, el resultado será indefinido, no definitivo. Debido a que has matado al insecto, has *cometido* la acción de matarlo, pero no has *acumulado* la acción porque no tenias la intención de matarlo. En este caso, el resultado no es definitivo, lo que significa que el acto de haber matado no conducirá al resultado normal, al mal renacimiento, debido a la ausencia de intención y a que después has sentido arrepentimiento. Sin embargo, debido a que se cometió el acto, tendrá sus propios frutos. No conduce a ningún beneficio.

¿Cómo es posible, especialmente para una persona occidental, generar un sentido de renuncia, una falta de voluntad para disfrutar de los placeres del mundo en el que estamos viviendo?

No es probable que todo el mundo genere un espíritu de renuncia, ni es necesario, debido a los diversos intereses mentales e inclinaciones. Algunos más bien se aficionan a la existencia cíclica. Entonces, ¿qué debemos hacer? Si adoptamos el punto de vista budista y nos esforzamos por lograr la Liberación, entonces tenemos que adiestrar la mente en este sentido. Si echamos un vistazo a la forma de vida occidental, podemos ver muchas atracciones superficiales, amplias y modernas instalaciones y muchas otras cosas. Pero si lo examinamos a un nivel más profundo, los occidentales no son inmunes a los sufrimientos mundanos como el nacimiento, la vejez, la enfermedad o la muerte, y están especialmente afectados por sentimientos como la competitividad y los celos. Estoy seguro de que esto perturba su felicidad, y se denomina *los sufrimientos de la existencia cíclica*.

También podemos clasificar el sufrimiento en tres niveles: el sufrimiento del sufrimiento, el sufrimiento del cambio y el sufrimiento compuesto e impregnante. Este último se refiere al hecho de que nuestro cuerpo físico, proyectado, creado, por acciones contaminadas y engaños, actúa como base para experimentar los diferentes niveles de sufrimiento. Es importante conocer los distintos niveles y etapas de los sufrimientos y cómo llevar a cabo la meditación. En general, si no tienes ansiedad, ni problemas ni preocupaciones, es lo mejor. Pensamos en practicar la doctrina del Buda porque tenemos algo de sufrimiento, algo de ansiedad, pero si no los tenéis, entonces no hay necesidad de practicar, sólo disfrutad y pasadlo bien.

Ya que tenemos esta concepción de un yo verdaderamente existente,

¿es posible beneficiar a otros seres?

Es posible. Hay dos tipos de actitudes erróneas con respecto al yo: una es asumirlo como algo inherentemente existente y la otra es la actitud egocéntrica. Si tienes una actitud egocéntrica muy fuerte, perpetuamente preocupado por tu propio bienestar y nada más, descuidarás automáticamente el bienestar de los demás. Es difícil deshacerse de la concepción de un yo verdaderamente existente, pero mientras lo haces, también puedes entrenarte en la actitud altruista que se preocupa del bienestar de otros seres conscientes y de implicarse en actividades para beneficiarlos. Los oyentes y los destructores de enemigos solitarios han destruido los engaños desde la raíz y han comprendido la naturaleza última de los fenómenos. Han eliminado la concepción de la existencia verdadera, pero debido a su aún egocéntrica actitud, puede que no les importe tanto el bienestar de otros seres conscientes. Sin embargo, también es posible que un bodhisatva pertenezca a la escuela vaibhashika, que no considera la vacuidad de la existencia verdadera como uno de sus principios. Así que aunque ese bodhisatva puede que no haya eliminado la semilla de la concepción de la existencia verdadera, puesto que se ha adiestrado en el desarrollo de una actitud de preocupación por los demás, trabajará con total dedicación para el beneficio de todos los seres conscientes.

Bibliografía

Abreviaturas

Toh: *El Tripitaka tibetano,* ediciones Dergé, como se describe en H. UI et al., eds., *Un catálogo completo del Canon Budista Tibetano.* Sendai, Japón: Universidad de Tohoku, 1934.

Trabajos referenciados Kangyur (escrituras canónicas).

Tathāgata Essence Sūtra.Tathāgatācintyaguhanirdeśasūtra. De bzhin gshegs pa'i gsang ba bsam gyis mi khyab pa bstan pa'i mdo. Toh 47, dkon brtsegs *ka.*

Tengyur (tratados canónicos)

Asanga, *Compendio de abhidharma*(*Abhidharmasamuccayá*). *Chos mngon pa kun las btus pa.* Toh 4049, sems tsam *ri.*

Maitreya, *Sublime Science*(*Uttaratantra*).*Theg pa chen o rgyud bla ma.* Toh 4024, sems tsam *phi.*

Nagarjuna, *La sabiduría fundamental del sendero medio*

(*Mulamadhyamakakarika*).

(Una lúcida traducción al inglés de este texto se puede encontrar en *Sabiduría fundamental del sendero medi,o* de Jay Garfield. Nueva York, Oxford University Press,1995.)

———. *La preciosa guirnalda*(*Ratnavali*).*Rgyal po la gtam bya rin po che'i phreng ba*. Toh 4158, primavera yig ge. (Para una traducción al inglés de este texto de John Dunne y Sara

McClintock, ver *La guirnalda preciosa*. Boston, Wisdom Publications, 1997.)

Shantideva, *Guía de la forma de vida del bodhisatta* (*Bodhisattvacaryavatara*). *Byang chub sems dpa'i spyod pa la ' jug pa*. Toh 3871, dbu ma *la*.

Tsongkhapa Losang Drakpa (Tsong kha pa Blo bzang grags a, 1357–1419). *Las grandes etapas del sendero.Byang chub*

lam rim che ba bzhugs so. Taipei, Taiwán, ROC, Corporate Body of the Buddha Education Foundation, 2000.

———. *Los tres senderos principales. Lam gyi gsto bo rnam gsum gyi rtsa ba bzhugs so.Obras recopiladas*, Vol. *kha*.

También disponible en Wisdom Publications

Una lámpara para iluminar las cinco etapas *Enseñanzas sobre el Tantra de Guhyasamāja* Tsongkhapa

Traducido por Gavin Kilty

La vida y las enseñanzas de Tsongkhapa

Editado por Robert A. F. Thurman

El sendero medio

Fe fundamentada en la razón

El Dalai Lama

Traducido por Thupten Jinpa

El esplendor de una luna de otoño

El verso devocional de Tsongkhapa

Traducido y comentario por Gavin Kilty

Pasos en el sendero a la Iluminación

Un Comentario sobre el Lamrim Chenmo de Tsongkhapa

Geshe Lhundub Sopa

Ética tántrica

Una explicación de los preceptos para la práctica budista del Vajrayāna.

Tsongkapa

Traducido por Gareth Sparham

Las alabanzas de Tsongkhapa a la relación dependiente

Comentario de Lobsang Gyatso Traducido por Graham Woodhouse

www.ingramcontent.com/pod-product-compliance
Ingram Content Group UK Ltd.
Pitfield, Milton Keynes, MK11 3LW, UK
UKHW041825200726
13854UKWH00002BA/567

9 798223 752394